NE능률 영어교과서

대한민국 고등학생 **10명 중 4.7명**이 보는 교과서

영어 고등 교과서 점유율 1위

(7차, 2007 개정, 2009 개정, 2015 개정)

능률보카

그동안 판매된
능률VOCA 1,100만 부

대한민국 박스오피스
천만명을 넘은 영화 단 28개

VO CA

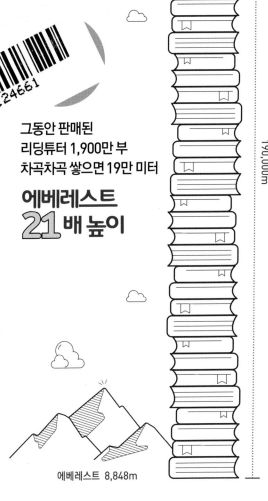

READING TUTOR

그동안 판매된
리딩튜터 1,900만 부
차곡차곡 쌓으면 19만 미터

에베레스트 21배 높이

190,000m

에베레스트 8,848m

그래머존

그동안 판매된 450만 부의 그래머존을 바닥에 쭉 ~ 깔면

1000km 서울 - 부산 왕복가능

서울

부산

KB124661

교재 검토에 도움을 주신 선생님들

1316

GRAMMAR LEVEL 2

지은이	NE능률 영어교육연구소
선임연구원	김지현
연구원	장경아, 가민아, 오보은
영문교열	Angela Lan
디자인	닷츠
내지 일러스트	김기환
맥편집	한서기획

SINCE 1980
Let's grow together

NE능률이
미래를
창조합니다.

건강한 배움의 고객가치를 제공하겠다는 꿈을 실현하기 위해
40년이 넘는 시간 동안 열심히 달려왔습니다.

앞으로도 끊임없는 연구와 노력을 통해
당연한 것을 멈추지 않고

고객, 기업, 직원 모두가 함께 성장하는 NE능률이 되겠습니다.

기초부터 내신까지 중학 영문법 완성

1316

1316 GRAMMAR

LEVEL
2

STRUCTURE & FEATURES

Grammar Points

최신 개정 교육과정을 분석하여 필수 문법 사항을 쉽고 명확하게 설명하였습니다.

Tip 주의! : 예외 또는 주의가 필요한 문법 사항

Tip 비교! : 비교해서 알아 두면 도움이 되는 문법 사항

✓ Grammar UP : 심화 문법 사항

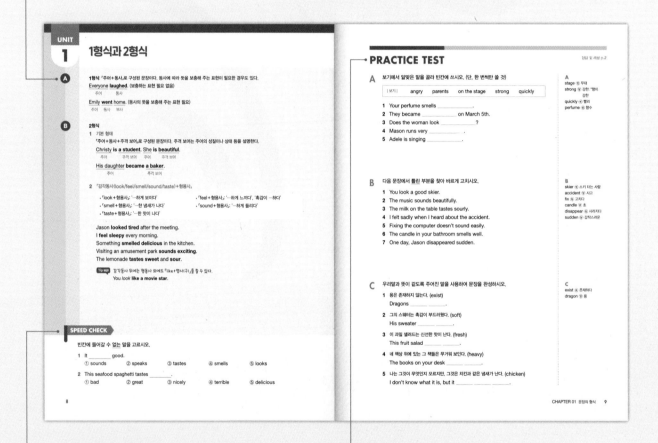

Speed Check

간단한 문제를 통해 Grammar Points에서 배운 내용을 이해했는지 확인할 수 있습니다.

Practice Test

Grammar Points에서 배운 내용을 다양한 유형의 주관식 문제를 통해 익힐 수 있습니다.

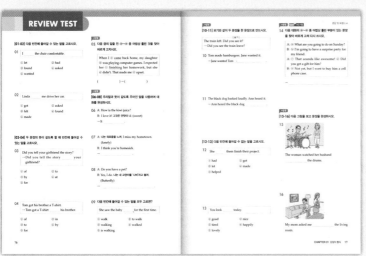

Review Test

학교 내신 시험과 가장 유사한 유형의 문제로 구성하여 실전에 대비할 수 있게 하였습니다.
NEW **내신 기출** : 최근 학교 내신에서 출제되고 있는 최신 유형
서술형 및 **고난도** : 서술형 주관식 문제 및 고난도 문제를 골고루 수록

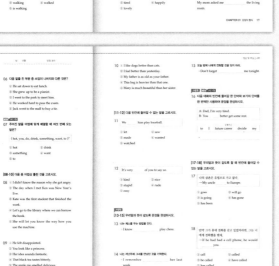

실전 모의고사

출제 확률이 높은 내신형 문제로 구성된 실전 모의고사 2회를 수록하여 실제 내신 시험을 치르는 것처럼 연습할 수 있게 하였습니다.

Workbook

서술형 주관식 문제로 구성된 Unit별 연습 문제로, 모든 문법 사항을 충분히 연습할 수 있게 하였습니다.

CONTENTS

CHAPTER

01

문장의 형식

1형식과 2형식

A

1형식: 『주어+동사』로 구성된 문장이다. 동사에 따라 뜻을 보충해 주는 표현이 필요한 경우도 있다.

Everyone **laughed**. (보충하는 표현 필요 없음)
    주어   동사

Emily **went** home. (동사의 뜻을 보충해 주는 표현 필요)
  주어   동사   부사

B

2형식

1 기본 형태

『주어+동사+주격 보어』로 구성된 문장이다. 주격 보어는 주어의 성질이나 상태 등을 설명한다.

Christy **is a student**. She **is beautiful**.
  주어   주격 보어   주어   주격 보어

His daughter **became a baker**.
     주어   주격 보어

2 『감각동사(look/feel/smell/sound/taste)+형용사』

- 『look+형용사』: '…하게 보이다'
- 『smell+형용사』: '…한 냄새가 나다'
- 『taste+형용사』: '…한 맛이 나다'
- 『feel+형용사』: '…하게 느끼다', '촉감이 …하다'
- 『sound+형용사』: '…하게 들리다'

Jason **looked tired** after the meeting.
I **feel sleepy** every morning.
Something **smelled delicious** in the kitchen.
Visiting an amusement park **sounds exciting**.
The lemonade **tastes sweet** and **sour**.

> **Tip 비교!** 감각동사 뒤에는 형용사 외에도 『like+명사(구)』를 쓸 수 있다.
> You *look* **like a movie star**.

SPEED CHECK

빈칸에 들어갈 수 **없는** 말을 고르시오.

1 It _____ good.
① sounds   ② speaks   ③ tastes   ④ smells   ⑤ looks

2 This seafood spaghetti tastes _____.
① bad   ② great   ③ nicely   ④ terrible   ⑤ delicious

PRACTICE TEST

A 보기에서 알맞은 말을 골라 빈칸에 쓰시오. (단, 한 번씩만 쓸 것)

| 보기 | angry   parents   on the stage   strong   quickly

1 Your perfume smells _____ .
2 They became _____ on March 5th.
3 Does the woman look _____ ?
4 Mason runs very _____ .
5 Adele is singing _____ .

A
stage 몡 무대
strong 혱 강한; *향이 강한
quickly 뷘 빨리
perfume 몡 향수

B 다음 문장에서 <u>틀린</u> 부분을 찾아 바르게 고치시오.

1 You look a good skier.
2 The music sounds beautifully.
3 The milk on the table tastes sourly.
4 I felt sadly when I heard about the accident.
5 Fixing the computer doesn't sound easily.
6 The candle in your bathroom smells well.
7 One day, Jason disappeared sudden.

B
skier 몡 스키 타는 사람
accident 몡 사고
fix 통 고치다
candle 몡 초
disappear 통 사라지다
sudden 혱 갑작스러운

C 우리말과 뜻이 같도록 주어진 말을 사용하여 문장을 완성하시오.

1 용은 존재하지 않는다. (exist)
   Dragons _____ _____ .

2 그의 스웨터는 촉감이 부드러웠다. (soft)
   His sweater _____ _____ .

3 이 과일 샐러드는 신선한 맛이 난다. (fresh)
   This fruit salad _____ _____ .

4 네 책상 위에 있는 그 책들은 무거워 보인다. (heavy)
   The books on your desk _____ _____ .

5 나는 그것이 무엇인지 모르지만, 그것은 치킨과 같은 냄새가 난다. (chicken)
   I don't know what it is, but it _____ _____ _____ .

C
exist 통 존재하다
dragon 몡 용

3형식과 4형식

A

3형식: 『주어＋동사＋목적어』로 구성된 문장이다.

I **love my family**.
     동사   목적어

My father **turned off the TV**.
          동사   목적어

B

4형식

• 『주어＋동사＋간접목적어('…에게')＋직접목적어('…을')』로 구성된 문장이다.

• 4형식 문장에 쓰이는 대표적인 동사를 수여동사라 하는데, '…에게 ～을 (해) 주다'라는 뜻이며 send, give, lend, tell, teach, show, buy, make 등이 있다.

I **gave him some delicious cookies**.
  수여동사 간접목적어   직접목적어

My mother **made me a sandwich**.
         수여동사   직접목적어
              간접목적어

C

4형식 문장에서 3형식 문장으로의 전환

• 4형식 문장은 두 목적어의 자리를 바꾸고 간접목적어 앞에 특정 전치사를 써서 3형식 문장으로 전환할 수 있다.

• 문장 전환 시 사용되는 전치사는 동사에 따라 다르다.

to를 쓰는 동사	give, tell, teach, send, bring, show, write, lend, pass, read, pay 등	I **sent** Amy a letter. → I **sent** a letter **to** Amy.
for를 쓰는 동사	make, buy, get, find, order 등	I **bought** him a cookbook. → I **bought** a cookbook **for** him.

> **Tip 주의!** 직접목적어가 대명사인 경우 3형식 문장이 자연스럽다.
> The teacher **gave it to** Michael.(← ~~The teacher **gave** Michael **it**.~~)

> **Tip 비교!** 『ask a favor/question of＋간접목적어』
> A woman **asked me a favor**.
> → A woman **asked a favor of** me.

SPEED CHECK

(   ) 안에서 알맞은 말을 고르시오.

1 I made (a box / boxy) for my dolls.

2 I brought some donuts (to / of) her.

3 My best friend made a wedding dress (to / for) me.

PRACTICE TEST

정답 및 해설 p.2

A

다음 문장에서 틀린 부분을 찾아 바르게 고치시오.

1 Robin gave a cup of tea for me.

2 Who made the scarf to her?

3 Jack doesn't want to show me it.

B

두 문장의 뜻이 같도록 문장을 완성하시오.

1 I won't tell anyone my secrets.
→ I won't tell ______ ______ ______ ______.

2 Kate sent him a text message.
→ Kate sent ______ ______ ______ ______ ______.

3 My dad got me a concert ticket.
→ My dad got ______ ______ ______ ______ ______.

4 Who bought you such a nice bag?
→ Who bought ______ ______ ______ ______ ______ ______?

C

우리말과 뜻이 같도록 주어진 말을 사용하여 문장을 완성하시오.

1 제가 질문을 하나 해도 되나요? (a question)
Can I ______ ______ ______?

2 Jones 씨는 그들에게 책을 사 주었다. (books)
Ms. Jones ______ ______ ______.

3 나는 그 여배우에게 팬레터 한 통을 썼다. (the actress, a fan letter)
I wrote ______ ______ ______ ______ ______.

4 그 선생님은 우리에게 과학을 가르쳐 주셨다. (science)
The teacher ______ ______ ______ ______.

5 Jill은 공을 잡아서 Bill에게 그것을 패스했다. (catch, the ball, pass)
Jill ______ ______ ______ and ______ ______ ______ ______.

A
scarf [명] 스카프, 목도리

B
text message
문자 메시지

C
fan letter 팬레터
pass [동] 통과하다;
*(공을) 패스하다

5형식 I

○ **5형식**: 『주어+동사+목적어+목적격 보어』로 구성된 문장이다. 목적격 보어는 목적어의 성질이나 상태 등을 설명한다. 목적격 보어로 명사(구), 형용사(구), to부정사(구), 동사원형, 분사가 쓰이며, 동사에 따라 쓰이는 목적격 보어가 다르다.

1 『make, call, name 등+목적어+명사(구)』: '…을 ～로 만들다', '…을 ～라고 부르다', '…을 ～라고 이름 짓다'

Tom's invention **made** him **a rich man**.
They **named** the comet **"Halley's comet."**

2 『make, keep, turn, find 등+목적어+형용사(구)』: '…을 ～하게 만들다/유지하다/되게 하다', '…가 ～인 것을 알게 되다'

The blanket will **keep** you **warm**.
I **found** English **very interesting**.

3 『ask, tell, order, persuade, advise, want, wish, expect, allow, enable 등+목적어+to부정사(구)』: '…에게 ～하라고 부탁하다/말하다/명령하다/설득하다/충고하다', '…가 ～하기를 원하다/소망하다/기대하다/허락하다/～할 수 있게 하다'

She **asked** me **to take** pictures of her.
My parents **want** me **to be** honest.

> **Tip 비교!** help는 목적격 보어로 동사원형과 to부정사(구) 둘 다 쓸 수 있다.
> She **helped** him **(to) move** his books.

✓ Grammar **UP** **5형식 문장의 구별**: 5형식 문장에서 목적어와 목적격 보어 사이에 『주어+술어』의 관계가 성립한다.

1 5형식 문장과 4형식 문장

① The coach made the boy the captain of the team. (5형식: the boy=the captain of the team)
   목적어   목적격 보어

② I made the boy a small chair. (4형식: the boy ≠ a small chair)
   간접목적어   직접목적어

2 5형식 문장과 3형식 문장

① Jack found the book *easy*. (5형식: the book=easy)
   목적어   목적격 보어

② Jack found the book *easily*. (3형식: the book ≠ easily)
   목적어   부사

SPEED CHECK

빈칸에 들어갈 수 <u>없는</u> 말을 고르시오.

1 The experience made him _____.
① happy   ② wise   ③ a traveler   ④ angrily   ⑤ careful

2 My boss _____ me to go there.
① wanted   ② made   ③ told   ④ expected   ⑤ asked

PRACTICE TEST

정답 및 해설 p.3

A ( ) 안에서 알맞은 말을 고르시오.

1 Your present made Louis (happy / happily).
2 Alex found the history test (hard / hardly).
3 I told the boy (open / to open) the small box.
4 Running keeps your body (health / healthy)
5 She asked me (stay / to stay), so I couldn't leave.
6 Brian helped me (fix / fixing) my computer.

A
present [명] 선물
hard [형] 단단한; *어려운
fix [동] 고치다, 수리하다

B 보기에서 알맞은 말을 골라 필요시 어법에 맞게 바꿔 쓰시오.

| 보기 | pass | wear | cook | red | get |

1 The cold weather turned my nose ____________.
2 I expected my sister ____________ the audition.
3 Maya persuaded me ____________ a coat.
4 I helped my mom ____________ spaghetti for dinner.
5 The advertisement enables us ____________ more attention.

B
advertisement [명] 광고
attention [명] 주의, 집중; *관심

C 우리말과 뜻이 같도록 주어진 말을 사용하여 문장을 완성하시오.

1 사람들은 그를 겁쟁이라고 부른다. (a coward)
People ______ ______ ______ ______.

2 Betty는 그의 이야기가 슬프다는 것을 알게 되었다. (his story)
Betty ______ ______ ______ ______.

3 그 개가 조용하게 해 주세요. (keep, quiet)
Please ______ ______ ______ ______.

4 그는 내게 여행을 많이 하라고 충고했다. (travel)
He ______ ______ ______ ______ a lot.

5 나의 사촌은 내가 그의 방을 쓰도록 허락했다. (use)
My cousin ______ ______ ______ ______ his room.

C
coward [명] 겁쟁이

5형식 Ⅱ

1 『사역동사(make/let/have)＋목적어＋동사원형』: '…가 ～을 하게 하다'
The coach **made** my dream **come** true.
My mother didn't **let** me **read** comic books.
Ms. Brown **had** the man **carry** the table.

> **Tip 비교!** get은 '…하게 하다'라는 사역의 뜻이지만 목적격 보어로 to부정사(구)를 쓴다.
> I **got** my sister **to lend** me $10.

2 『지각동사(see, watch, hear, feel 등)＋목적어＋동사원형/현재분사』: '…가 ～하는/하고 있는 것을 보다/듣다/느끼다'
• 지각동사의 목적격 보어로 현재분사를 쓰면 '진행'의 뜻이 강조된다.
We **saw** two kids **play[playing]** tennis.
I **heard** him **play[playing]** the guitar.

 Grammar UP 과거분사를 목적격 보어로 쓰는 경우

1 사역동사로 쓰인 have의 목적어와 목적격 보어의 관계가 수동일 때 목적격 보어로 과거분사를 쓴다.
He **had** *his clothes* **cleaned**. (직접 세탁한 것이 아님)
I **had** *my hair* **cut**. (직접 자른 것이 아님)

2 지각동사의 목적어와 목적격 보어의 관계가 수동일 때 목적격 보어로 과거분사를 쓴다.
I **saw** *a red carpet* **laid** on the street.
Jason **heard** *the song* **repeated**.

SPEED CHECK

빈칸에 알맞은 말을 고르시오.

1 The police made him _____ out of the car.
① to get ② getting ③ gotten ④ get ⑤ gets

2 I heard the alarm _____ loudly.
① ring ② rang ③ rung ④ to ring ⑤ to ringing

3 Joe _____ his brother to drive him to school.
① made ② let ③ watched ④ got ⑤ had

4 I had my tooth _____.
① take out ② to take out ③ taken out ④ took out ⑤ takes out

PRACTICE TEST

정답 및 해설 p.4

A ( ) 안에서 알맞은 말을 고르시오.

1 My parents won't let us (have / to have) a puppy.
2 Can you feel my hand (shaking / to shake)?
3 She watched the children (play / to play) games.
4 Claire had her car (repair / repaired) yesterday.

A
puppy [명] 강아지
shake [동] 흔들리다, 떨리다
repair [동] 수리하다

B 다음 문장에서 틀린 부분을 찾아 바르게 고치시오.

1 They didn't let him left the country.
2 Did you really hear me to sing?
3 I saw the man to look at me.
4 Mr. Brown had me to solve the question on the blackboard.

B
blackboard [명] 칠판

C 보기에서 알맞은 말을 골라 필요시 어법에 맞게 바꿔 쓰시오.

| 보기 |	touch	call	help	look

1 The dress makes her ______ slim.
2 Chloe got her friend ______ her move.
3 I heard my name ______.
4 He felt someone ______ his arm.

C
slim [형] 날씬한

D 우리말과 뜻이 같도록 주어진 말을 사용하여 문장을 완성하시오.

1 너는 그녀가 무대에서 노래 부르는 것을 보았니? (see, sing)
Did you ______ ______ ______ a song on the stage?

2 내 친구는 내가 안전하다고 느끼게 만들었다. (make, feel)
My friend ______ ______ ______ safe.

3 나의 아빠는 내가 밤에 TV 보는 것을 허락하지 않으신다. (let, watch)
My dad ______ ______ ______ ______ ______ at night.

4 Joan은 그녀의 지갑을 도둑 맞았다. (have, purse, steal)
Joan ______ ______ ______ ______.

D
purse [명] 지갑
steal [동] 훔치다
(stole-stolen)

REVIEW TEST

[01-02] 다음 빈칸에 들어갈 수 있는 말을 고르시오.

01

> I _____ the chair comfortable.

① let   ② had
③ found   ④ asked
⑤ wanted

02

> Linda _____ me drive her car.

① got   ② asked
③ felt   ④ found
⑤ made

[03-04] 두 문장의 뜻이 같도록 할 때 빈칸에 들어갈 수 있는 말을 고르시오.

03

> Did you tell your girlfriend the story?
> → Did you tell the story _____ your girlfriend?

① of   ② to
③ by   ④ at
⑤ for

04

> Tom got his brother a T-shirt.
> → Tom got a T-shirt _____ his brother.

① of   ② in
③ to   ④ by
⑤ for

서술형

05 다음 글의 밑줄 친 ⓐ~ⓔ 중 어법상 틀린 것을 찾아 바르게 고치시오.

> When I ⓐ came back home, my daughter ⓑ was playing computer games. I expected her ⓒ finishing her homework, but she ⓓ didn't. That made me ⓔ upset.

(   ) → (   )

서술형

[06-08] 우리말과 뜻이 같도록 주어진 말을 사용하여 대화를 완성하시오.

06 A: How is the kiwi juice?
     B: I love it! 그것은 단맛이 나. (sweet)
     → It _____ _____.

07 A: 나는 외로움을 느껴. I miss my hometown. (lonely)
     B: I think you're homesick.
     → _____ _____ _____.

08 A: Do you have a pet?
     B: Yes, I do. 나는 내 고양이를 '나비'라고 불러. (Butterfly)
     → _____ _____ _____ _____ _____.

09 다음 빈칸에 들어갈 수 있는 말을 모두 고르면?

> She saw the baby _____ for the first time.

① walk   ② to walk
③ walking   ④ walked
⑤ is walking

[10-11] 보기와 같이 두 문장을 한 문장으로 만드시오.

┌─────────────── 보기 ───────────────┐
The train left. Did you see it?
→ Did you see the train leave?
└─────────────────────────────────────┘

10 Tom made hamburgers. Jane wanted it.
  → Jane wanted Tom _____ _____ _____.

11 The black dog barked loudly. Ann heard it.
  → Ann heard the black dog _____ _____.

[12-13] 다음 빈칸에 들어갈 수 <u>없는</u> 말을 고르시오.

12
┌─────────────────────────────────────┐
She _____ them finish their project.
└─────────────────────────────────────┘

  ① had   ② got
  ③ let   ④ made
  ⑤ helped

13
┌─────────────────────────────────────┐
You look _____ today.
└─────────────────────────────────────┘

  ① good   ② nice
  ③ tired   ④ happily
  ⑤ lovely

14 다음 대화의 ⓐ~ⓔ 중 어법상 **틀린** 부분이 있는 문장을 찾아 바르게 고쳐 다시 쓰시오.

┌───┐
A: ⓐ What are you going to do on Sunday?
B: ⓑ I'm going to have a surprise party for my friend.
A: ⓒ That sounds like awesome! ⓓ Did you get a gift for him?
B: ⓔ Not yet, but I want to buy him a cell phone case.
└───┘

  → _____

[15-16] 다음 그림을 보고 문장을 완성하시오.

15

The woman watched her husband _____ the drums.

16

My mom asked me _____ the living room.

[17-19] 다음 중 어법상 <u>틀린</u> 것을 고르시오.

17 ① He is kicking the ball.
② The milk smells badly.
③ The tennis lesson starts at 7.
④ Your baby looks like an angel.
⑤ My neighbor speaks very loudly.

18 ① I made my daughter a doll.
② Anna had her picture taken.
③ Jill told her schedule to her manager.
④ Samuel showed some paintings for me.
⑤ The man asked me the way to the post office.

19 ① People call him Tommy.
② I found the game exciting.
③ I told her come back soon.
④ This fan will keep me cool.
⑤ Chris helped me study for the test.

[20-23] 우리말과 뜻이 같도록 주어진 말을 사용하여 문장을 완성하시오.

20 Wi-Fi는 내가 인터넷을 무료로 사용할 수 있게 한다.
(use)
→ Wi-Fi _____ _____ _____ _____ the Internet for free.

21 Michael은 그 소녀에게 몇 송이 꽃을 가져다주었다.
(the girl, some flowers)
→ Michael _____ _____ _____ _____ _____.

22 Richard는 그 아이들에게 역사를 가르쳤다.
(history, the children)
→ Richard _____ _____ _____ _____ _____.

23 Lucy는 그녀의 그림이 벽에 걸리는 것을 보았다.
(her painting, hang)
→ Lucy _____ _____ _____ _____ on the wall.

24 다음 중 문장의 형식이 나머지 넷과 <u>다른</u> 것은?

① Can I ask you a few questions?
② This shampoo smells too strong.
③ All students must keep quiet in the library.
④ We felt disappointed when we heard the news.
⑤ The fish went bad because the weather was too hot.

CHAPTER

02

to부정사

to부정사의 명사적 용법

A

to부정사(to-v): 『to+동사원형』의 형태로 명사, 형용사, 부사 역할을 한다.

B

to부정사의 명사적 용법: 명사처럼 주어, 목적어, 보어로 쓰인다.

1 주어: '…하는 것은[이]'의 뜻으로, to부정사(구)가 주어인 경우 보통 주어 자리에 가주어 it을 쓰고 진주어인 to부정사(구)를 문장 뒤로 보낸다.

To eat salty food *is* not good for your health. (단수 취급)

→ **It** is not good for your health **to eat** salty food.
　　가주어　　　　　　　　　　　　　　　　진주어

2 목적어: '…하는 것을', '…하기를'의 뜻으로, 동사 want, need, like, decide, plan, hope, promise, start, begin 등의 목적어로 사용된다.

I *like* **to take care of** animals. I *want* **to be** a vet.

3 보어: '…하는 것(이다)'

Her hobby is **to read** comic books.

His dream is **to play** in the Premier League.

4 『의문사+to-v』: 주어, 목적어, 보어로 쓰이고, 『의문사+주어+should+동사원형』으로 바꿔 쓸 수 있다.

- what to-v: '무엇을 …할지'
- when to-v: '언제 …할지'
- where to-v: '어디로[어디서] …할지'
- who(m) to-v: '누가[누구를] …할지'
- how to-v: '어떻게 …할지', '…하는 방법'

I don't know **what to do** first.

　　　　　　(= what I should do)

She decided **where to go** for dessert.

　　　　　　(= where she should go)

> **Tip 주의!** to부정사의 부정: not/never to-v
> He promised **not to be** late again.

SPEED CHECK

빈칸에 알맞은 말을 고르시오.

1 I'm planning _____ abroad with my sister.

① studied　　② studying　　③ to studying　　④ to study　　⑤ to be studied

2 I didn't know _____ the math problem during class.

① what to solve　② whom to solve　③ when to solve　④ how to solve　⑤ where to solve

PRACTICE TEST

정답 및 해설 p.5

A 다음 문장에서 틀린 부분을 찾아 바르게 고치시오.

1 Matt doesn't know what bring to the party.
2 His goal is to being a great artist.
3 We hope taking a trip to Europe.
4 My father asked me to not go out alone.
5 This is fun to ride roller coasters.

A
take a trip 여행하다
ride [동] 타다
roller coaster 롤러코스터

B 두 문장의 뜻이 같도록 문장을 완성하시오.

1 Tell me whom to hire.
→ Tell me _______ _______ _______ _______.

2 I asked the boss when to contact him.
→ I asked the boss _______ _______ _______ _______ him.

3 My mom always knows what to say to people.
→ My mom always knows _______ _______ _______ _______ to people.

4 To make money is difficult.
→ _______ is difficult _______ _______ _______.

5 To ask you questions is hard.
→ _______ is hard _______ _______ _______ _______.

B
hire [동] 고용하다
contact [동] 연락하다
make money 돈을 벌다

C 우리말과 뜻이 같도록 주어진 말을 사용하여 문장을 완성하시오.

1 너는 어디서 내려야 할지 알고 있니? (get off)
Do you know _______ _______ _______ _______?

2 Nick은 시간제 일자리를 하나 얻기로 결심했다. (decide, get)
Nick _______ _______ _______ a part-time job.

3 가장 좋은 방법은 사실을 말하는 것이다. (tell the truth)
The best way is _______ _______ _______ _______.

4 감사 인사를 하지 않는 것은 무례하다. (say thank you)
_______ is rude _______ _______ _______ _______ _______.

C
get off (탈것에서) 내리다
part-time job
아르바이트, 시간제 일자리
way [명] 방법
rude [형] 무례한

to부정사의 형용사적 용법

○ 형용사처럼 명사나 대명사를 수식하거나 be to-v의 형태로 쓰여 주어를 설명한다.

1 (대)명사 수식: '…할', '…하는'

　1) 명사나 대명사를 뒤에서 수식한다.

　　We have *a flight* **to catch**.

　　Eric needs *someone* **to look after** his dog.

　2) 「-thing/-one/-body로 끝나는 대명사+형용사+to-v」

　　I want *something cold* **to drink**.

　3) 「(대)명사+to-v+전치사」: 수식 받는 (대)명사가 「to-v+전치사」의 목적어일 때

　　She has *a lot of friends* **to talk with**.

　　I need *a pen* **to write with**.

2 be to-v

　1) 예정: '…할 예정이다'

　　The president **is to visit** London tomorrow.

　2) 의무: '…해야 한다'

　　You **are to be** back home by seven.

　3) 가능: '…할 수 있다'

　　Nothing **was to be found** there.

　4) 운명: '…할 운명이다'

　　I **was to fall** in love with Emily and (**to**) **get** married to her.

　5) 의도: '…하려고 하다'

　　If you **are to have** good friends, you need to be kind.

빈칸에 알맞은 말을 고르시오.

1 There was no time _____ shopping yesterday.

　① go　　　　② went　　　　③ going　　　　④ to go　　　　⑤ be to go

2 If you _____ the game, you must practice hard.

　① to win be　　② to be won　　③ are to win　　④ are win　　⑤ are win to

PRACTICE TEST

A 다음 문장에서 <u>틀린</u> 부분을 찾아 바르게 고치시오.

1 I'm looking for something fun doing during the vacation.
2 She knows the best way get there.
3 I have someone introduce to you.
4 The boy doesn't have a ball to play.
5 No one was survive the war.

B 우리말과 뜻이 같도록 주어진 말을 바르게 배열하시오.

1 그들은 살 집을 한 채 구매했다. (to, a house, in, live)
   They bought _____ _____ _____ _____ _____.

2 내 친구가 나에게 들을 음악을 좀 보내 주었다. (listen, some music, to, to)
   My friend sent me _____ _____ _____ _____ _____.

3 나는 너에게 말할 신나는 일이 있어. (exciting, tell, something, to, you)
   I have _____ _____ _____ _____ _____.

C 우리말과 뜻이 같도록 주어진 말을 사용하여 문장을 완성하시오.

1 우리는 기다릴 시간이 많이 없다. (time, wait)
   We don't have much _____ _____ _____.

2 Jake는 그를 도와줄 친절한 누군가를 찾고 있다. (somebody, kind, help)
   Jake is looking for _____ _____ _____ _____ him.

3 네가 성공하려고 한다면 너는 분명한 목표를 정해야 한다. (succeed)
   If _____ _____ _____ _____, you must set clear goals.

4 당신은 매일 제시간에 직장에 와야 한다. (be)
   You _____ _____ _____ at work on time every day.

5 Cecilia는 유명한 음악가가 될 운명이었다. (become, a famous musician)
   Cecilia _____ _____ _____ _____ _____ _____.

C
succeed 통 성공하다
set a goal 목표를 세우다
clear 뗑 분명한
on time 제시간에
musician 뗑 음악가

to부정사의 부사적 용법

○ 부사처럼 동사나 형용사, 부사를 수식한다.

1 목적: '…하기 위해', '…하러'

Sandra left early **to avoid** the rush hour traffic.

> **Tip 주의!** 목적의 의미를 강조할 때 in order to-v나 so as to-v를 쓴다.
> Jamie lied to his friends (**in order/so as**) **to protect** their feelings.

2 감정의 원인: '…해서', '…하니'의 뜻으로, 주로 감정을 나타내는 형용사(happy, glad, pleased, sad, surprised, disappointed 등)와 함께 쓴다.

He was very *disappointed* **to read** the article on pollution.

I was *excited* **to visit** his hometown.

3 결과: '(…해서) ~하다'

My grandfather lived **to be** 100 years old.

I hurried to the post office, **only to find** it closed.

> **Tip 주의!** 부정적 결과를 나타낼 때 주로 only to-v: '결국 …하고 말다'

4 판단의 근거·이유: '…하는 것을 보니', '…하다니'

He must be foolish **to believe** her again.

Noah is very wise **to listen to** her advice.

5 조건: '…한다면', '…라면'

To watch him play basketball, you would think he was a pro player. (실제로 프로 선수가 아님)

6 형용사 수식: '…하기에'

The water is not *good* **to drink**.

This mushroom is *dangerous* **to eat**.

SPEED CHECK

빈칸에 알맞은 말을 고르시오.

1 He grew up _____ a great scientist.

① be   ② is   ③ was   ④ to be   ⑤ to being

2 _____ the dress, you wouldn't believe that it's silk.

① Feel   ② Felt   ③ To feel   ④ To be felt   ⑤ To feeling

PRACTICE TEST

A 내용이 자연스럽게 이어지도록 연결하시오.

1 I got up early •   • ⓐ to understand.

2 Susan grew up •   • ⓑ to be a pilot.

3 The film is hard •   • ⓒ to catch the train.

4 He was sad •   • ⓓ to hear the news.

A
pilot 명 조종사
film 명 영화

B to부정사에 유의하여 다음 문장을 해석하시오.

1 I was pleased to work with you.

2 This lake is nice to swim in.

3 She woke up to find herself on the sofa.

4 I will go to the store to buy some sugar.

5 She must be smart to finish her work so early.

B
wake up (잠에서) 깨다
(woke-woken)
store 명 가게, 상점

C 우리말과 뜻이 같도록 주어진 말을 사용하여 문장을 완성하시오.

1 너는 체중을 줄이기 위해 무엇을 하니? (lose weight)

   What do you do ＿＿＿ ＿＿＿ ＿＿＿?

2 이 노래는 부르기에 쉽지 않다. (easy, sing)

   This song is ＿＿＿ ＿＿＿ ＿＿＿ ＿＿＿.

3 그의 음식을 맛본다면 당신은 그가 요리사라고 생각할 것이다. (taste, his food)

   ＿＿＿ ＿＿＿ ＿＿＿ ＿＿＿, you would think he's a cook.

4 다른 사람들에게 그녀의 노트를 빌려주다니 그녀는 친절한 것이 틀림없다.

   (lend, her notes)

   She must be kind ＿＿＿ ＿＿＿ ＿＿＿ ＿＿＿ to others.

5 그녀는 그 콘서트 표를 얻어서 만족스러웠다. (satisfied, get)

   She was ＿＿＿ ＿＿＿ ＿＿＿ the concert ticket.

6 그는 그의 열쇠들을 잃어버리지 않기 위해 그것들을 그의 주머니에 넣었다. (order, lose)

   He put his keys in his pocket ＿＿＿ ＿＿＿ ＿＿＿ ＿＿＿

   ＿＿＿ them.

C
lose weight 체중을 줄이다
cook 명 요리사
lend 동 빌려주다
note 명 (pl.) 노트, 필기
satisfied 형 만족스러운

의미상 주어, too ... to-v, ... enough to-v

A

to부정사의 의미상 주어

• to부정사의 의미상 주어가 문장의 주어나 목적어와 일치하지 않는 경우, 의미상 주어를 to부정사 앞에 따로 써 준다.

1 「for+목적격」: to부정사의 의미상 주어는 일반적으로 「for+목적격」의 형태로 to부정사 앞에 쓴다.

It is important **for you** *to study hard*.
가주어 　　　　　의미상 주어　　　진주어

It was too cold **for you** *to go out*.

2 「of+목적격」: 「it(가주어) ... to-v(진주어)」 구문에서 사람의 성격을 나타내는 형용사인 kind, nice, foolish, silly, wise, careless 등이 보어로 쓰이면 의미상 주어를 「of+목적격」의 형태로 쓴다.

It was wise **of her** *to ask for help*.
가주어　　　　　의미상 주어　　　진주어

B

「**too+형용사/부사+to-v**」: '너무 …해서 ~할 수 없다', '~하기에 너무 …하다'
(→ 「so+형용사/부사+that+주어+cannot[can't]」)

Kevin was **too** weak **to do** the work.

(→ Kevin was **so** weak **that** he **couldn't do** the work.)

This class is **too** difficult *for me* **to follow**.

(→ This class is **so** difficult **that** *I* **can't follow** it. (it = this class))

> **Tip 주의!** to부정사의 의미상 주어를 that절의 주어로 쓴다.

C

「**형용사/부사+enough to-v**」: '…할 만큼 충분히 ~하다' (→ 「so+형용사/부사+that+주어+can」)

He is strong **enough to move** the sofa by himself.

(→ He is **so** strong **that** he **can move** the sofa by himself.)

The musical is simple **enough** *for children* **to understand**.

(→ The musical is **so** simple **that** *children* **can understand** it. (it = the musical))

> **Tip 주의!** to부정사의 의미상 주어를 that절의 주어로 쓴다.

SPEED CHECK

빈칸에 알맞은 말을 고르시오.

1 It was foolish _____ to lie to his mom.
① him　　　　② his　　　　③ for him　　　　④ of him　　　　⑤ of his

2 It takes time _____ to make new friends.
① she　　　　② her　　　　③ for her　　　　④ of her　　　　⑤ hers

3 These sweet potatoes are _____ for me to eat.
① too　　　　② too hot　　　　③ be hot　　　　④ enough hot　　　　⑤ enough too hot

4 She was _____ to wear those jeans.
① her slim　　　　② slim too　　　　③ being slim　　　　④ enough slim　　　　⑤ slim enough

PRACTICE TEST

A 다음 문장에서 틀린 부분을 찾아 바르게 고치시오.

1 It is natural of him to miss his grandparents.

2 It was silly for you to make the same mistake again.

3 This dress is too expensive for me buy.

4 The baby is enough clever to recognize people.

A
natural 형 자연의; *당연한
make a mistake
실수하다
clever 형 영리한, 똑똑한
recognize 동 알아보다

B 두 문장의 뜻이 같도록 문장을 완성하시오.

1 This blue shirt is so big that I can't wear it.

→ This blue shirt is _____ _____ _____ _____ _____ _____.

2 He was rich enough to buy the diamond ring.

→ He was _____ _____ _____ _____ _____ _____ the diamond ring.

3 I was too busy to have lunch.

→ I was _____ _____ _____ _____ _____ _____ lunch.

4 The house is so big that my family can live in it.

→ The house is _____ _____ _____ _____ _____ _____ _____.

B
wear 동 입다
ring 명 반지

C 우리말과 뜻이 같도록 주어진 말을 사용하여 문장을 완성하시오.

1 그녀가 그 질문에 대답하는 것은 쉬웠다. (easy, answer)

It was _____ _____ _____ _____ _____ the question.

2 그는 혼자 여행할 만큼 충분히 나이가 들었다. (old, travel)

He is _____ _____ _____ _____ alone.

3 너무 더워서 밖에서 놀 수 없다. (hot, play)

It is _____ _____ _____ _____ outside.

4 그가 그 도둑을 쫓은 것은 용감했다. (chase, the thief)

It was brave _____ _____ _____ _____ _____.

C
answer 동 대답하다,
     대응하다
chase 동 쫓다
thief 명 도둑
brave 형 용감한

[01-02] 다음 빈칸에 들어갈 수 있는 말을 고르시오.

01
> I'll let you know when _____ off.

① get   ② to getting   ③ to get
④ should get   ⑤ will getting

02
> It was too difficult _____ to sing in front of many people.

① for me   ② of me   ③ with me
④ at me   ⑤ on me

NEW 내신 기출
03 다음 문장 (A)~(C)에 대해 <u>잘못</u> 설명한 학생은?

> (A) We need to go to the bank.
> (B) It was careless of me to leave the drawer open.
> (C) To see him dance, you would think he was a dancer.

① 세아: (A)의 to 이하는 동사 need의 목적어야.
② 찬우: (B)에서 It은 가주어, to 이하는 진주어야.
③ 희윤: (B)에서 of를 for로 바꿔 쓸 수 있어.
④ 정국: (C)에는 부사적 용법의 to부정사가 쓰였어.
⑤ 슬기: (C)의 To see는 조건의 의미를 나타내.

서술형
[04-06] 우리말과 뜻이 같도록 주어진 말을 바르게 배열하시오.

04 엄마, 제게 매운 먹을 것 좀 주세요.
(to, spicy, something, eat)
Mom, please give me _____ .

05 나는 절대 돈을 빌리지 않기로 결심했다.
(money, to, never, borrow)
I decided _____ .

06 그 비행기는 자정에 그곳에 도착할 예정이다.
(arrive, the plane, to, there, is)
_____ at midnight.

서술형
[07-09] 다음 그림을 보고 주어진 말을 사용하여 문장을 완성하시오.

07

It is _____
_____ the candy jar. (difficult, reach)

08

Meredith is _____ _____ _____
everyone laugh. (funny, make)

09

Last winter my older brother taught me
_____ _____ . (ski)

고난도

[10-12] 보기의 밑줄 친 부분과 쓰임이 같은 것을 고르시오.

10
| 보기 |
I went to the library to read books.

① I don't have any bread to eat.
② She hopes to marry Tom Hardy.
③ I planned to have a dinner party.
④ To play basketball with friends is fun.
⑤ I'm saving money to travel the world.

11
| 보기 |
Amy was pleased to receive his invitation.

① It is difficult to ride a horse.
② Rachael has some clothes to wash.
③ They finally decided to buy a new car.
④ I was surprised to find your letter in the mailbox.
⑤ There wasn't anything special to see in the museum.

12
| 보기 |
I have many things to sell.

① This chair is not comfortable to sit on.
② Jessie wants to be a cook in the future.
③ I don't have enough time to prepare for the interview.
④ Andrew must be rich to wear such an expensive watch.
⑤ I turned on the TV only to find my favorite show was over.

서술형 **NEW** **내신 기출**

13 우리말과 뜻이 같도록 조건에 맞게 문장을 완성하시오.

너는 마스크를 써야 한다.
→ _____
→ _____

| 조건 |
• to부정사, must를 각 문장에 한 번씩 사용할 것
• wear, a mask를 활용할 것
• 어법에 맞게 완전한 문장으로 쓸 것

14 다음 중 빈칸에 들어갈 말이 나머지와 다른 것은?

① It is natural _____ him to like Emily.
② It is hard _____ him to get an A in math.
③ It was easy _____ her to learn hip-hop.
④ It wasn't difficult _____ her to keep a secret.
⑤ It was stupid _____ me to forget my sister's birthday.

서술형

[15-17] 두 문장의 뜻이 같도록 문장을 완성하시오.

15 He was too full to eat dessert.
→ He was _____ _____ _____ _____ eat dessert.

16 Lisa tried to contact Jake, but she failed.
→ Lisa tried to contact Jake, _____ _____ _____.

17 In order to buy a laptop, Jack decided to save money.
→ Jack decided to save money _____ _____ _____ buy a laptop.

18 다음 중 보기와 뜻이 같은 것은?

——| 보기 |——
I don't know when to invite Jim to my house.

① I don't know when I invited Jim to my house.

② I don't know when I will invite Jim to my house.

③ I don't know when I can invite Jim to my house.

④ I don't know when I should invite Jim to my house.

⑤ I don't know when I'd like to invite Jim to my house.

고난도

[19-20] 다음 중 어법상 틀린 것을 고르시오.

19 ① I have nothing to apologize for.

② It was foolish of you to buy another shirt.

③ The bag is enough light for me to carry.

④ There are many places to visit in Italy.

⑤ The woman showed me where to wash my hands.

20 ① My wish is to go to Disney World.

② The room was too bright for me to sleep in.

③ To hear her talk, you would think she was French.

④ That is dangerous for children to play soccer here.

⑤ If you are to stay healthy, you have to exercise regularly.

21 다음 중 어법상 옳은 것을 모두 고르면?

① Do you need a piece of paper to write?

② I was happy to see my old friends again.

③ It is nice of you to help homeless people.

④ I want to know where sending this package.

⑤ The pizza was large enough to feed four people.

서술형

[22-24] 우리말과 뜻이 같도록 주어진 말을 사용하여 문장을 완성하시오.

22 나는 함께 살 룸메이트 한 명을 필요로 한다.
(a roommate, live)
→ I need _____ _____ _____ _____
_____.

23 너는 읽을 만한 재미있는 것을 가지고 있니?
(anything, interesting)
→ Do you have _____ _____ _____
_____?

24 내가 돌봐야 할 많은 어린이들이 있다.
(take care of)
→ There are many children _____ _____
_____ _____ _____ _____.

CHAPTER

03

동명사

동명사의 역할

A

동명사(v-ing): 『동사원형＋-ing』의 형태로, 명사처럼 주어, 목적어, 보어로 쓰인다.

B

동명사의 역할

1 주어: '…하는 것은[이]'의 뜻으로, 단수 취급한다.

Seeing you always *makes* me smile.

Studying online *is* very convenient.

2 목적어: '…하는 것을'

1) 동사의 목적어: I *started* **posting** pictures on my blog.

2) 전치사의 목적어: How *about* **going** on a trip to China?

3 보어: '…하는 것(이다)'

Mark's homework is **writing** an essay.

My job is **restoring** old paintings.

> **Tip 주의!** 동명사의 부정: not/never v-ing
> The doctor suggested **not drinking** alcohol.

C

자주 쓰이는 동명사 표현

- go v-ing: '…하러 가다'
- feel like v-ing: '…하고 싶다'
- be worth v-ing: '…할 만한 가치가 있다'
- cannot help v-ing: '…하지 않을 수 없다'

- be busy v-ing: '…하느라 바쁘다'
- be good at v-ing: '…하는 것을 잘하다'
- on v-ing: '…하자마자'
- it is no use v-ing: '…해도 소용없다'

My parents **went fishing** on the weekend.

The doctor **was busy seeing** her patients.

On entering the room, she yelled his name.

I **couldn't help kissing** the cute baby. (= I **couldn't** **(help)** **but kiss** the cute baby.)

SPEED CHECK

빈칸에 알맞은 말을 고르시오.

1 His job is _____ popular songs.

① write   ② writes   ③ writing   ④ written   ⑤ to writing

2 My daughter is afraid of _____ alone.

① be   ② am   ③ is   ④ to be   ⑤ being

PRACTICE TEST

A 다음 밑줄 친 부분을 어법에 맞게 고치시오.

1 <u>Memorize</u> every word is impossible.

2 She went skating before <u>goes</u> to the movies.

3 Susan often goes <u>camp</u> on weekends.

4 She is worried about <u>getting not</u> good grades.

5 My role was <u>to setting</u> up the stage for the play.

A
memorize ⑧ 외우다
be worried about
…에 대해 걱정하다
grade ⑨ 점수
role ⑨ 역할
set up …을 세우다
play ⑨ 놀이; *연극

B 보기와 같이 동명사를 사용하여 두 문장을 한 문장으로 만드시오.

> | 보기 | I couldn't understand English grammar. It was difficult.
> → Understanding English grammar was difficult.

1 Henry is busy. He is preparing dinner.
→ Henry is _____.

2 I like making food for other people. It's my job.
→ My job is _____.

3 I ride my bike a lot. I enjoy it.
→ I enjoy _____.

4 Don't walk alone at night. It's dangerous.
→ _____ is dangerous.

B
understand ⑧ 이해하다
grammar ⑨ 문법
prepare ⑧ 준비하다

C 우리말과 뜻이 같도록 주어진 말을 사용하여 문장을 완성하시오.

1 나는 그의 농담에 웃지 않을 수 없었다. (laugh)
I _____ _____ _____ at his joke.

2 이 역사 강의는 수강할 가치가 있다. (take)
This history course _____ _____ _____.

3 나는 컴퓨터 사용하는 것을 잘한다. (use)
I _____ _____ _____ _____ computers.

4 내 약속을 지키지 못해서 미안해. (keep)
I'm sorry for _____ _____ my promises.

C
joke ⑨ 농담
course ⑨ 강의, 강좌
keep one's promise
약속을 지키다

동명사와 to부정사

○ 동사에 따라 목적어로 동명사나 to부정사, 또는 둘 다를 쓰기도 한다.

1 동명사만을 목적어로 쓰는 동사: enjoy, mind, finish, keep, practice, avoid, give up, stop 등

I **finished cleaning** my closet an hour ago.

He **avoided talking** about politics.

2 to부정사만을 목적어로 쓰는 동사: want, need, hope, wish, expect, decide, plan, promise 등

I **decided to take** ballet lessons.

Hans **promised to follow** the school rules.

3 동명사와 to부정사 둘 다를 목적어로 쓸 수 있는 동사

1) 의미 차이가 없는 경우: start, begin, like, love, hate 등

Robin has **started writing[to write]** music since middle school.

2) 의미 차이가 있는 경우

• remember v-ing: '(과거에) …한 것을 기억하다' / remember to-v: '(미래에) …할 것을 기억하다'

I **remember calling** him, and I regret it.

Remember to call him tomorrow.

• forget v-ing: '(과거에) …한 것을 잊다' / forget to-v: '(미래에) …할 것을 잊다'

She **forgot meeting** him and asked his name again.

Don't **forget to go** to the dentist this afternoon.

• try v-ing: '(시험 삼아) …하다' / try to-v: '…하려고 노력하다'

You should **try using** a different password.

I **tried** not **to eat** junk food.

 stop v-ing: '…하는 것을 멈추다' / stop to-v: '…하기 위해 멈추다'

He **stopped watching** TV. (watching: 동사 stop의 목적어로 쓰인 동명사)

He **stopped to help** a kid on the street. (to help: 목적을 나타내는 부사적 용법의 to부정사)

SPEED CHECK

빈칸에 알맞은 말을 고르시오.

1 She kept _____ songs on the way home.

① sing ② singing ③ to sing ④ to singing ⑤ sings

2 I forgot _____ onions and bought some more.

① buy ② buying ③ to buy ④ to buying ⑤ bought

PRACTICE TEST

A ( ) 안에서 알맞은 말을 고르시오.

1 I enjoy (to listen / listening) to classical music.

2 The couple wishes (to go / going) to Italy.

3 David promised (to send / sending) me a gift.

4 Would you mind (to repeat / repeating) your name?

5 I finished (to draw / drawing) his portrait.

6 We expected (to arrive / arriving) before noon.

A
classical ⑧ 고전의
couple ⑨ 커플, 연인
repeat ⑧ 반복하다,
　　　　한 번 더 말하다
portrait ⑨ 초상화

B 주어진 말을 문맥에 맞게 바꿔 쓰시오.

1 They stopped _____ when their parents came home. (fight)

2 The man tried _____ his past. (hide)

3 Mia practiced _____ the piano. (play)

4 Don't forget _____ your teeth. (brush)

5 She usually doesn't remember _____ the stove. So she often goes back to check. (turn off)

B
past ⑨ 과거
hide ⑧ 숨기다
brush one's teeth
양치질하다
stove ⑨ 가스렌지
turn off …을 끄다

C 우리말과 뜻이 같도록 주어진 말을 사용하여 문장을 완성하시오.

1 많은 아이들이 탄산음료를 마시는 것을 무척 좋아한다. (love, drink)
Many children _____ _____ soda.

2 나는 기자가 되기를 희망한다. (hope, be)
I _____ _____ _____ a reporter.

3 그 소녀는 밤늦게 먹는 것을 피한다. (avoid, eat)
The girl _____ _____ late at night.

4 Jenny는 그녀의 반지를 그 서랍에 둔 것을 잊어버렸다. (forget, put, ring)
Jenny _____ _____ _____ _____ in the drawer.

C
soda ⑨ 탄산음료
reporter ⑨ 기자
drawer ⑨ 서랍

REVIEW TEST

[01-02] 다음 빈칸에 들어갈 수 있는 말을 고르시오.

01

They don't mind _____ late.

① work　　② works

③ worked　　④ working

⑤ to work

02

The boy is good at _____ trees.

① climbs　　② climb

③ climbing　　④ to climb

⑤ climbed

서술형

[03-05] 주어진 말을 어법에 맞게 바꿔 쓰시오.

03 Ted practiced _____ hard to win the race.
(run)

04 She is planning _____ a bakery near here.
(open)

05 My roommate decided _____ on a diet. (go)

NEW 내신기출

06 다음 빈칸에 들어갈 수 있는 말을 모두 고르면?

I _____ getting up early in the morning.

① like　　② wish

③ want　　④ hate

⑤ promise

[07-08] 다음 중 어법상 틀린 것을 고르시오.

07 ① I hope seeing you again.

② They promised to win the game.

③ My mother started learning yoga.

④ Thank you for inviting me to lunch.

⑤ He wants to go hiking on Sunday.

08 ① I feel like drinking hot cocoa.

② Jogging is great exercise.

③ We began to work out every day.

④ He gave up to teach at a college.

⑤ My interest is helping sick people.

서술형

[09-10] 다음 문장에서 틀린 부분을 찾아 바르게 고치시오.

09 I'm not interested in learn music.

(　　　　　) → (　　　　　)

10 Don't forget locking the windows when you go out.

(   ) → (   )

[11-13] 우리말과 뜻이 같도록 할 때 빈칸에 들어갈 수 있는 말을 고르시오.

11

> 나는 시험 삼아 이 복사기를 사용했다.
> → I tried _____ this copy machine.

① use ② used
③ using ④ to use
⑤ to be used

12

> 나는 내 이웃의 창문을 깨뜨렸던 것을 기억한다.
> → I remember _____ my neighbor's window.

① break ② broke
③ broken ④ breaking
⑤ to break

13

> Ben은 그 벤치에서 쉬기 위해 멈췄다.
> → Ben stopped _____ on the bench.

① rest ② rested
③ resting ④ to rest
⑤ to be rested

[14-16] 다음 빈칸에 들어갈 말을 바르게 짝지은 것을 고르시오.

14

> She's tired of ___ⓐ___ home, and she feels like ___ⓑ___ out.

	ⓐ	ⓑ
①	stay	to go
②	stay	going
③	staying	goes
④	staying	going
⑤	staying	to go

15

> I forgot ___ⓐ___ my sister a present. Let's go ___ⓑ___ together.

	ⓐ	ⓑ
①	to get	shopping
②	to get	to shop
③	getting	shopping
④	getting	to shop
⑤	getting	to shopping

16

> ⓐ Sally avoids _____ out with Julia.
> ⓑ My father stopped _____ me to school, so I take a bus instead.

	ⓐ	ⓑ
①	to hang	taking
②	to hang	to take
③	hanging	taking
④	hanging	to take
⑤	hanging	take

17 보기의 밑줄 친 부분과 쓰임이 같은 것은?

| 보기 |
> Her job is <u>decorating</u> the room.

① She hates <u>playing</u> volleyball.
② I'm proud of <u>winning</u> the award.
③ <u>Dancing</u> on the stage is exciting.
④ His hobby is <u>collecting</u> old bottles.
⑤ <u>Wearing</u> headphones on the street is dangerous.

18 다음 중 어법상 옳은 것은?

① He kept to clean his house.
② She was busy to plan her wedding.
③ He wanted reading the book.
④ Remember mailing this card tomorrow.
⑤ They were talking about leaving town.

19 다음 Sandra의 메모를 보고 우리말과 뜻이 같도록 문장을 완성하시오.

> ### To Do List
> 1. Today is Henry's birthday.
>   Don't _____ _____ him!
>   (그에게 전화할 것을 잊지 마!)
> 2. The violin contest is next week.
>   _____ _____ _____ hard!
>   (열심히 연습하려고 노력해!)

[20-23] 우리말과 뜻이 같도록 주어진 말을 사용하여 문장을 완성하시오.

20 네 성적에 대해 걱정해도 더는 소용없다. (worry)
→ It _____ _____ _____ _____ about your grades anymore.

21 나는 인도가 방문할 가치가 있다고 생각한다. (visit)
→ I think India _____ _____ _____ .

22 Anthony를 보자마자 나는 그와 사랑에 빠졌다. (see)
→ _____ _____ Anthony, I fell in love with him.

23 나는 그 시험에 통과하지 못하는 것이 두려웠다. (pass the test)
→ I was afraid of _____ _____ _____ .

24 우리말과 뜻이 같도록 주어진 철자로 시작하여 문장을 완성하시오.

그녀가 그 아기를 봤을 때 그녀는 미소 짓지 않을 수 없었다.
→ S_____ c_____ h_____ s_____ w_____ s_____ s_____ t_____ b_____ .

CHAPTER

04

시제

과거시제, 미래시제, 진행형

A   **과거시제:** 과거에 일어난 일이나 상태를 나타낸다. 과거를 나타내는 말(yesterday, last, ago, 『in+연도』 등)과 주로 쓴다.

His family **moved** to another city *a few years ago*.

Aria **looked** excited *yesterday*.

B   **미래시제**

1   『will+동사원형』: 미래에 일어날 일, 주어의 의지 또는 즉흥적으로 결심한 일을 나타낸다.

He **will come** home around 10 o'clock.

I **will go** downtown after school today.

2   『be going to+동사원형』: 가까운 미래에 일어날 일 또는 미리 정해진 계획을 나타낸다.

It **is going to snow** tomorrow.

They **are going to go** to the festival in May.

C   **진행형**

1   현재 진행형: 『be동사의 현재형+v-ing』의 형태로, 현재 일어나고 있는 일을 나타낸다.

I **am making** spaghetti in the kitchen.

She **is** not **making** sandwiches now.

> **Tip 주의!** 소유, 감각, 감정, 인지 등을 나타내는 동사(have'가지다', belong to, see, hear, like, know, believe, think '믿다' 등)는 진행형으로 잘 쓰지 않는다.
>
> I **think** that he is a good person. (← I'**m thinking** that he is a good person.)
>
> 단, think가 '고려하다'(= consider)의 뜻을 나타낼 때는 진행형으로 쓸 수 있다.
>
> I'**m thinking** of learning how to drive.

> ✓ **Grammar UP**   현재 진행형의 다른 쓰임
>
> **1**   미래를 나타내는 말과 함께 쓰여 가까운 미래에 계획된 일을 나타낼 수 있다.
>
> I **am meeting** him *tomorrow*.
>
> **2**   최근에 일어나고 있는 일을 나타낼 수 있다.
>
> She **is learning** yoga *these days*.

2   과거 진행형: 『be동사의 과거형+v-ing』의 형태로, 과거에 일어나고 있던 일을 나타낸다.

He **was sleeping** when I went to his room.

What **were** you **doing** last night?

SPEED CHECK ▶

빈칸에 알맞은 말을 고르시오.

1   I was _____ online when you called me yesterday.

  ① chat   ② chatted   ③ chatting   ④ to chat   ⑤ to chatting

2   It _____ heavily in Houston now.

  ① rained   ② is raining   ③ was raining   ④ has rained   ⑤ will rain

PRACTICE TEST

정답 및 해설 p.10

A ( ) 안에서 알맞은 말을 고르시오.

1 Yesterday she (searches / searched) the Internet to learn more about the animal.

2 The package (will arrive / arrived) tomorrow afternoon.

3 Is your sister still (plays / playing) the flute?

4 It (is / was) snowing when I looked out the window.

5 I (am working / was working) part-time in a department store these days.

A
search [동] 찾다, 검색하다
package [명] 소포
still [부] 아직(도)
look out 내다보다
work part-time 시간제로 일하다
department store 백화점

B 다음 밑줄 친 부분을 어법에 맞게 고치시오.

1 She is going <u>study</u> all night.

2 I <u>am knowing</u> my best friend well.

3 We <u>are attended</u> a meeting tomorrow.

4 My father <u>was washing</u> his car now.

B
all night 밤새
attend [동] 참석하다

C 보기에서 알맞은 말을 골라 문맥에 맞게 바꿔 쓰시오.

보기	surf	take	go	finish

1 She ______ to see a musical last night.

2 They ______ ______ an art class these days.

3 We ______ ______ cleaning the house this afternoon.

4 I ______ ______ the Internet when my mom came into my room.

C
surf [동] 파도타기를 하다; *인터넷을 검색하다

D 우리말과 뜻이 같도록 주어진 말을 사용하여 문장을 완성하시오.

1 나는 미래에 과학자가 될 것이다. (be, a scientist)
I ______ ______ ______ ______ in the future.

2 그는 그 사고가 일어났을 때 그의 차를 운전하고 있었다. (drive, his car)
He ______ ______ ______ ______ when the accident happened.

3 Cathy는 현재 고등학교에서 중국어를 가르치고 있다. (teach, Chinese)
Cathy ______ ______ ______ at a high school now.

D
accident [명] 사건, 사고
happen [동] 일어나다, 발생하다

UNIT 2 현재완료

o 현재완료는 have v-ed의 형태로, 과거에 일어난 일이 현재까지 영향을 미칠 때 쓴다.

A **현재완료와 과거시제**

1 현재완료: 과거에 일어난 일이 현재까지 영향을 주는 것을 나타낸다.
He **has lost** his smartphone. (지금까지 잃어버린 상태)

2 과거시제: 과거에 일어난 일이며 현재와는 관계없다.
He **lost** his smartphone. (지금 찾았는지 아닌지 알 수 없음)

B **현재완료의 용법**

1 경험: '(지금까지) …한 적이 있다'의 뜻으로, 현재까지의 경험을 나타낸다. before, ever, never, once와 주로 쓴다.
Amy **has met** the man and the woman *before*.
I **have been to** Jejudo. (have been to: '…에 가 본 적이 있다')

2 계속: '(지금까지 계속) …해 왔다'의 뜻으로, 과거의 어느 시점부터 현재까지 어떤 일이 계속되고 있음을 나타낸다. for, since와 주로 쓴다.
There **have been** many changes at our school *since* last year.

3 완료: '막 …했다'의 뜻으로, 어떤 동작이 현재에 막 완료되었음을 나타낸다. already, just, yet과 주로 쓴다.
The students **have** *just* **arrived** at the stadium.

4 결과: '…해버렸다 (그래서 지금은 ~이다)'의 뜻으로, 과거에 일어난 일의 결과가 현재까지 영향을 주는 것을 나타낸다.
Leo **has left** the meeting room. (Leo는 지금 회의실에 없음)
He **has gone to** Jejudo. (have gone to: '…에 가고 (지금 여기에) 없다')

> **Tip 주의!** 명백하게 과거를 나타내는 말(yesterday, ago, last, when, 『in+연도』 등)은 현재완료와 함께 쓰지 않는다.
> I **saw** my favorite singer *yesterday*. (← I ~~**have seen** my favorite singer *yesterday*~~.)

 Grammar UP **과거완료(had v-ed)**

1 과거 이전에 일어난 일이 과거까지 영향을 미칠 때 쓴다. (경험, 계속, 완료, 결과)
Jake **had lived** there for two years when the earthquake happened. (계속)

2 과거에 일어난 두 가지 일 중 먼저 일어난 일을 나타낼 때 쓰며 대과거라고 부른다.
Lily sent me a box of pie that she **had bought** in Taiwan.

SPEED CHECK ▶

밑줄 친 부분에 유의하여 다음 문장을 해석하시오.

1 <u>Have</u> you ever <u>been to</u> World Cup Stadium?
2 He <u>has forgotten</u> his ID and password.
3 I <u>have worn</u> contact lenses for three years.
4 Jack <u>has already repaired</u> the air conditioner.

42

PRACTICE TEST

A 다음 문장을 현재완료로 바꿔 쓰시오.

1 He went to London, so he is not here now.

→ He _____ _____ to London.

2 Emily was sick last Friday, and she is still sick.

→ Emily _____ _____ _____ since last Friday.

3 I sold my car, so I don't have one now.

→ I _____ _____ my car.

4 I used this pen three years ago. I still use this pen.

→ I _____ _____ this pen for three years.

A
sell 동 팔다 (sold-sold)

B 다음 밑줄 친 부분을 어법에 맞게 고치시오.

1 I <u>lived</u> in Vancouver since March.

2 Wendy <u>has been</u> to Phuket in 2015.

3 <u>Do you ever been</u> to that art gallery?

4 I <u>don't check</u> my email yet.

B
art gallery 화랑, 미술관

C 우리말과 뜻이 같도록 주어진 말을 사용하여 문장을 완성하시오.

1 Jason은 방금 그 편지를 다 읽었다. (just, finish)

Jason _____ _____ _____ reading the letter.

2 지난주 이래로 따뜻하다. (be, warm)

It _____ _____ _____ since last week.

3 나는 그 배우를 전에 한 번 본 적이 있다. (see, the actor)

I _____ _____ _____ _____ once before.

4 나는 어딘가에 내 우산을 두고 왔다. (leave, umbrella)

_____ _____ _____ _____ _____ somewhere.

5 Susan은 이 집을 10년 동안 소유해 왔다. (own, house)

Susan _____ _____ _____ _____ for 10 years.

6 Sam은 그가 대학에 가기 전에 딱 한 번 해외에 가 본 적이 있었다. (be abroad)

Sam _____ _____ _____ only once before he went to college.

C
leave 동 떠나다; *두고 오다
        (left-left)
own 동 소유하다
abroad 부 해외에(서),
        해외로

REVIEW TEST

[01-03] 다음 빈칸에 들어갈 수 있는 말을 고르시오.

01

> The man was _____ a cake when his son came home.

① bake
② baked
③ baking
④ to baking
⑤ has baked

02

> Has anyone _____ to Hong Kong?

① be
② was
③ been
④ being
⑤ is been

03

> The girls have _____ to the movies. They won't be back until 9 o'clock.

① gone
② went
③ going
④ to go
⑤ been gone

서술형

[04-05] 다음 문장의 시제를 바르게 고치시오.

04 Ben has started his job two weeks ago.
(   ) → (   )

05 He was taking a cooking course these days.
(   ) → (   )

NEW 내신 기출

06 다음 우리말을 영어로 옮겨 쓸 때 사용되지 <u>않는</u> 표현은?

> 그들은 5년 동안 서로를 알고 지내 왔다.

① for
② have
③ knew
④ years
⑤ each other

07 우리말과 뜻이 같도록 할 때 빈칸에 들어갈 수 있는 것은?

> Mia는 그 소식을 들었을 때 시리얼을 먹고 있었다.
> → Mia _____ cereal when she heard the news.

① eats
② is eating
③ ate
④ was eating
⑤ has eaten

08 다음 빈칸에 들어갈 말을 바르게 짝지은 것은?

> A: Have you   ⓐ   Zoe's boyfriend?
> B: Yes. I   ⓑ   him last month.

	ⓐ	ⓑ			ⓐ	ⓑ
①	seen	seen		②	see	saw
③	saw	seen		④	saw	saw
⑤	seen	saw				

[09-10] 우리말과 뜻이 같도록 현재완료를 사용하여 문장을 완성하시오.

09 나의 이웃이 그의 열쇠들을 잃어버렸다.

→ My neighbor _____ _____ his keys.

10 우리는 이미 저녁으로 피자를 먹었다.

→ We _____ _____ _____ pizza for dinner.

고난도

[11-12] 다음 중 어법상 틀린 것을 고르시오.

11 ① She is going to play the violin later.
② There have been a lot of accidents on this street.
③ I was playing soccer with my friends.
④ Maria taught art at a high school since last year.
⑤ Sylvia has lived with her cousin for two years.

12 ① I will see the show tomorrow.
② Sam is driving a school bus now.
③ Eva was visiting her uncle this weekend.
④ Matt has worked at the restaurant since last month.
⑤ The musical had already started when I arrived at the theater.

서술형

[13-14] 다음 그림을 보고 주어진 말을 사용하여 문장을 완성하시오.

13

Daren _____ _____ _____ _____ for two hours. (play, computer games)

14

Sue _____ _____ _____ _____ for three hours. (sleep, in her bed)

[15-16] 보기의 밑줄 친 부분과 쓰임이 같은 것을 고르시오.

15
| 보기 |
I've never <u>met</u> such a brave girl.

① My dad <u>has</u> just <u>arrived</u> home.
② She <u>has owned</u> a cat before.
③ John <u>has brought</u> his umbrella.
④ Emma's family <u>has lived</u> next door for 10 years.
⑤ My roommate <u>has been</u> in her room since last night.

16

| 보기 |
The opera has just ended.

① Ted has visited this temple twice.
② I have had the red bag for five years.
③ Have you read his novel before?
④ They haven't decided what to eat yet.
⑤ She has left for Taiwan with her brother.

17 다음 대화의 ⓐ~ⓔ 중 어법상 틀린 부분이 있는 문장을 찾아 바르게 고쳐 다시 쓰시오.

A: ⓐ Have you ever seen a shooting star?
B: ⓑ No, I wasn't. ⓒ How about you?
A: ⓓ I've seen it once. ⓔ Seeing it from the beach was an amazing experience.

→ _____

고난도

18 다음 대화 중 자연스럽지 않은 것은?

① A: Have you tried Indian food before?
  B: No, I haven't.
② A: When did you visit Tom's office?
  B: I went there last Friday.
③ A: Aren't you hungry?
  B: No, I'm not. I've had a stomachache since yesterday.
④ A: Have you ever gone on a diet?
  B: Sure. I lost 5 kg last year.
⑤ A: When is the singing contest?
  B: It's next week. So I was practicing hard these days.

서술형

[19-21] 우리말과 뜻이 같도록 주어진 말을 사용하여 문장을 완성하시오.

19 나는 전에 롤러코스터를 타 본 적이 있다.
(ride a roller coaster)

→ I _____ _____ _____ _____ _____
before.

20 나는 아직 그 기사를 읽지 않았다. (the article, yet)

→ I _____ _____ _____ _____ _____.

21 Liam은 그것을 팔기 전에 10년 동안 그 차를 운전했었다.
(drive, the car)

→ Liam _____ _____ _____ _____
_____ _____ _____ before he sold it.

22 다음 두 문장을 한 문장으로 만들 때 가장 적절한 것은?

Arial and I became friends two years ago.
We are still friends.

① Arial and I are friends for two years.
② Arial and I were friends for two years.
③ Arial and I have been friends for two years.
④ Arial and I have become friends for two years ago.
⑤ Arial and I became friends for two years ago.

CHAPTER

05

조동사

can, may, will

○ **조동사**: 본동사의 뜻에 능력, 허가, 요청, 추측, 미래, 의무, 충고의 뜻을 더해 주는 말로, 뒤에 동사원형을 쓴다.

1 can

　1) 능력·가능: '…할 수 있다'

　　Lexa **can move** this heavy box, but I **cannot[can't]**.

　　> **Tip 주의!** can이 능력·가능을 뜻할 때 be able to로 바꿔 쓸 수 있다.
　　　　→ Lexa **is able to move** this heavy box, but I am not.

　2) 허가: '…해도 좋다'

　　You **can go** home now.

　3) 요청: 『Can[Could] you+동사원형 …?』 '…해 주겠어요?'

　　Can[Could] you give me a hand?

　　> **Tip 주의!** could는 can보다 정중한 부탁의 뜻으로 사용할 수 있다.

2 may

　1) 약한 추측: '…일지도 모른다'

　　Peter **may** or **may not come**.

　2) 허가: '…해도 좋다'

　　You **may use** the printer over there.

　　May I **take** a message?

3 will

　1) 미래, 의지: '…할 것이다', '…하겠다'

　　I **will do** my homework this afternoon.

　　> **Tip 주의!** will이 미래를 뜻할 때 be going to로 바꿔 쓸 수 있다.
　　　　→ I **am going to do** my homework this afternoon.

　2) 요청: 『Will[Would] you+동사원형 …?』 '…해 주겠어요?'

　　Will[Would] you close the door?

　　> **Tip 주의!** would는 will보다 정중한 부탁의 뜻으로 사용할 수 있다.

　3) 제안: 『Won't you+동사원형 …?』 '…하지 않겠어요?'

　　Won't you have a cup of coffee?

　　> **Tip 비교!** 『Shall we+동사원형 …?』으로도 제안을 나타낼 수 있다.
　　　　Shall we meet this afternoon?

SPEED CHECK

빈칸에 알맞은 말을 고르시오.

1 He can _____ 100 meters in 12 seconds.

　① run　　　　② runs　　　　③ running　　　　④ to run　　　　⑤ to running

2 I am _____ have a birthday party next week.

　① can　　　　② will　　　　③ may　　　　④ would　　　　⑤ going to

PRACTICE TEST

A 다음 밑줄 친 부분을 어법에 맞게 고치시오.

1 She will <u>spends</u> this weekend in the library.

2 The basketball player is able <u>jump</u> very high.

3 I am going <u>to buying</u> a new backpack.

4 He may <u>living</u> in this town.

5 Could you <u>to show</u> me some skirts?

6 Will you <u>lending</u> me the book?

7 It <u>not may snow</u> tomorrow.

A
library 몡 도서관

B 두 문장의 뜻이 같도록 문장을 완성하시오.

1 Dogs are able to swim without training.
→ Dogs _____ swim without training.

2 Is it okay to leave the office for an hour?
→ _____ I leave the office for an hour?

3 I am not going to forget my classmates.
→ I _____ forget my classmates.

4 It's possible that she has the same shirt.
→ She _____ have the same shirt.

B
training 몡 훈련, 교육
possible 혱 가능한

C 우리말과 뜻이 같도록 주어진 말을 사용하여 문장을 완성하시오.

1 Brown 씨는 그 기계를 수리할 수 없었다. (able, repair)
Mr. Brown _____ _____ _____ _____ _____ the machine.

2 그녀는 처음에는 도움이 좀 필요할지도 모른다. (need)
She _____ _____ some help at first.

3 제게 당신의 이메일 주소를 말해 주시겠어요? (tell)
_____ _____ _____ me your email address?

4 인터넷상의 뉴스는 사실이 아닐지도 모른다. (true)
The news on the Internet _____ _____ _____ _____.

C
repair 동 수리하다
at first 처음에는
address 몡 주소

must, should

1 must

1) 의무: '···해야 한다'

Students **must turn off** their cell phones in class.

You **must not lie** to your parents.

> **Tip 주의!** must가 의무를 뜻할 때 have to로 바꿔 쓸 수 있다.
>
> We **have to submit** our application by the deadline.
>
> Someone hacked my computer. I **had to change** my passwords.

> **✔ Grammar UP** must와 have to의 부정
>
> 1 must not: '···해서는 안 된다' (강한 금지)
>
>   You **must not smoke** on the airplane.
>
> 2 don't have to: '···할 필요가 없다' (불필요, = don't need to/need not)
>
>   I **don't have to go** to school today.

2) 강한 추측: '···임이 틀림없다'

Jimmy **must be** home now.

> **Tip 주의!** must가 추측을 뜻할 때의 부정은 can't[cannot]('···일 리가 없다')이다.
>
> Jimmy **can't[cannot] be** home now.

2 should: '···해야 한다'

We **should** always **wear** seat belts.

You **should not run** around indoors.

> **Tip 비교!** must와 should의 차이
>
> • should는 must보다 의무의 정도가 약하다.
>
> • 법적이거나 강한 의무를 나타내는 must와 달리 should는 윤리·도리상 해야 하는 일에 쓴다.
>
> • should는 충고나 권유를 나타낼 때 주로 사용한다.

SPEED CHECK

빈칸에 알맞은 말을 고르시오.

1 He must _____ a genius. He can speak six languages!

  ① be   ② is   ③ was   ④ being   ⑤ to be

2 Monica _____ to take a test to enter high school.

  ① should   ② has   ③ will   ④ have   ⑤ must

3 You should _____ too many soft drinks.

  ① not drink   ② not drinks   ③ drink not   ④ not to drink   ⑤ drank not

PRACTICE TEST

정답 및 해설 p.13

A ( ) 안에서 알맞은 말을 고르시오.

1 You (must not / don't have to) leave any trash behind.

2 I had (to cancel / canceling) my trip to Singapore.

3 She's not saying anything. She (must / has to) be angry.

4 Today is a holiday. My parents (cannot / don't have to) go to work.

A
leave ... behind
…을 뒤에 남기다
cancel [동] 취소하다
holiday [명] 휴가, 방학;
*공휴일

B 두 문장의 뜻이 같도록 문장을 완성하시오.

1 You don't have to tell him the story.
→ You _______ _______ _______ tell him the story.

2 Police officers must catch the thieves as soon as possible.
→ Police officers _______ _______ catch the thieves as soon as possible.

3 I'm sure he's a good person.
→ He _______ be a good person.

4 It's impossible that this is Tom's car. He doesn't have a car.
→ This _______ be Tom's car.

B
police officer 경찰관
as soon as possible
가능한 한 빨리
impossible [형] 불가능한

C 우리말과 뜻이 같도록 조동사와 주어진 말을 사용하여 문장을 완성하시오.

1 그녀는 요즘 바쁜 것이 틀림없다. (be)
She _______ _______ busy these days.

2 우리는 매일 운동해야 한다. (exercise)
We _______ _______ every day.

3 너는 공공장소에서 너무 많이 떠들어서는 안 된다. (make)
You _______ _______ _______ too much noise in public places.

4 Sarah는 어제 병원에 가야 했다. (go)
Sarah _______ _______ _______ to the hospital yesterday.

5 너는 비싼 선물을 살 필요가 없다. (buy)
You _______ _______ _______ _______ expensive gifts.

C
public place 공공장소
gift [명] 선물

would like to, had better, used to

1 「**would like to**+동사원형」: '…하고 싶다'

I'**d**[I **would**] **like to thank** you for your help.

Would you **like to dance** with me?

2 「**had better**+동사원형」: '…하는 게 좋겠다' (강한 충고나 권고)

You **had better eat** healthy food.

I'**d better start** saving money.

> **Tip 주의!** had better의 부정: 「had better not + 동사원형」
>
> You **had better not waste** your time.

3 「**used to**+동사원형」

1) '…하곤 했다'라는 뜻으로, 과거의 습관을 나타낸다.

My friends and I **used to skate** in winter.

Anna **used to jog** every day.

2) '…이었다'라는 뜻으로, 과거의 상태를 나타낸다.

There **used to be** an old castle here.

> **Tip 주의!** used to의 부정: 「used not to/didn't use to + 동사원형」
>
> I **used not to eat** sushi, but now I do.
>
> You **didn't use to like** the singer, did you?

> ✔ **Grammar UP** would도 '…하곤 했다'의 뜻으로 과거의 습관을 나타낼 수 있다. 단, 과거의 상태를 나타낼 때는 used to만 쓴다.
>
> I **would**[used to] take a walk after lunch. (과거의 습관)
>
> There **used to**[would] be a hair salon around the corner. (과거의 상태)

SPEED CHECK

빈칸에 알맞은 말을 고르시오.

1 The park _____ be an ice rink.

① is used   ② used to   ③ had better   ④ be used to   ⑤ would like to

2 You _____ eat late at night.

① have not better   ② had not better   ③ had better not

④ didn't have better   ⑤ don't have better

PRACTICE TEST

A ( ) 안에서 알맞은 말을 고르시오.

1 You (have better / had better) take a warm bath.

2 I would like (wish / to wish) you good luck.

3 You had (not better / better not) meet them.

4 Peter used (visit / to visit) his grandparents' house on Sundays.

5 She (would / used to) be my friend.

B 보기에서 알맞은 말을 골라 문장을 완성하시오.

| 보기 | would like to had better used to |

1 It's already 8 o'clock. You _____ hurry up.

2 There _____ be a theater in the town.

3 A: What do you want to do with that money?

  B: I _____ travel around the world.

C 밑줄 친 부분에 유의하여 다음 문장을 해석하시오.

1 We had better not go fishing tonight.

2 I would like to get a cute puppy.

3 Linda used to swim in this river when she was young.

D 우리말과 뜻이 같도록 조동사와 주어진 말을 사용하여 문장을 완성하시오.

1 나는 스키를 타러 가고 싶다. (go)

  I _____ _____ _____ _____ skiing.

2 Bella는 긴 머리카락을 가지고 있었다. (have)

  Bella _____ _____ _____ long hair.

3 우리는 일찍 잠자리에 드는 게 좋겠다. (go to bed)

  We _____ _____ _____ _____ _____ early.

4 너는 그 경기를 보지 않는 게 좋을 거야. (watch)

  You _____ _____ _____ _____ the game.

A
take a bath 목욕하다
wish A good luck
A에게 행운을 빌어 주다

B
hurry up 서두르다

C
puppy 몡 강아지

[01-03] 다음 빈칸에 들어갈 수 있는 말을 고르시오.

01

> I _____ eat meat, but now I only eat vegetables.

① may   ② can't

③ won't   ④ used to

⑤ shouldn't

02

> These scissors are sharp, so you _____ be very careful.

① may   ② used to

③ should   ④ don't have to

⑤ must not

03

> A: Do we have to get up early tomorrow?
> B: No, so you _____ set the alarm clock.

① can't   ② may

③ had better   ④ have to

⑤ don't need to

서술형

04 다음 그림을 보고 주어진 말을 사용하여 문장을 완성하시오.

1) You _____ _____ _____ in this area. (must, park)

2) You _____ _____ in this museum. (can, eat)

3) You _____ _____ _____ a swimming cap to swim here. (have, wear)

[05-06] 다음 밑줄 친 부분의 뜻이 나머지와 <u>다른</u> 것을 고르시오.

05 ① Daniel <u>must</u> be over 20.

② You <u>must</u> pay a late fee.

③ We <u>must</u> fix this problem now.

④ He <u>must</u> take this medicine regularly.

⑤ You <u>must</u> have a driver's license to drive.

06 ① You <u>may</u> eat this candy.

② You <u>may</u> stay here if you want.

③ <u>May</u> I have your name, please?

④ She <u>may</u> need to rest for a while.

⑤ <u>May</u> I use your phone? Mine is dead.

서술형

[07-09] 다음 빈칸에 공통으로 들어갈 말을 쓰시오.

07

> • You _____ better take a break.
> • She _____ to stay home because the yellow dust was very bad.

08

> • _____ you like to have some coffee?
> • _____ you introduce that girl to me?

09

> • She used _____ eat breakfast every morning.
> • I was able _____ help my friend.

10 다음 우리말을 영어로 옮겨 쓸 때 필요한 단어가 바르게 주어진 것은?

① 제가 들어가도 될까요?

(in, I , to, come, may)?

② 나는 그 계획을 포기하지 않을 것이다.

(the plan, don't, I, give up).

③ 너는 내일 올 필요가 없다.

(need, tomorrow, not, you, must, come).

④ 그 남자아이와 여자아이는 쌍둥이임이 틀림없다.

(twins, and, the boy, be, the girl, can).

⑤ 우리는 감기에 걸리지 않기 위해 조심해야 한다.

(catch, should, not, careful, we, be, to, a cold).

11 다음 대화의 빈칸에 들어갈 수 없는 것은?

> A: Dave is very angry at me.
> B: What happened?
> A: I lied to him. What should I do?
> B: You _____ say sorry to him right now.

① should   ② need to

③ have to   ④ would like to

⑤ had better

[12-13] 두 문장의 뜻이 같도록 조동사를 사용하여 문장을 완성하시오.

12 I'm sure that child is very hungry.

→ That child _____ _____ very hungry.

13 Nancy often played tennis with her friends, but she doesn't anymore.

→ Nancy _____ _____ tennis with her friends.

[14-15] 다음 밑줄 친 부분과 바꿔 쓸 수 있는 말을 고르시오.

14

> My father can fix his car himself.

① may   ② has to

③ had better   ④ is able to

⑤ used to

15

> You don't have to knock. Just come in.

① need not   ② must not

③ should not   ④ used not to

⑤ had better not

16 다음 빈칸에 들어갈 말을 바르게 짝지은 것은?

> A: Emily is very stylish. She ⓐ be a fashion designer.
> B: You're right. She ⓑ work for a fashion company. But now she doesn't.

	ⓐ	ⓑ		ⓐ	ⓑ
①	will	– must	②	must	– may
③	should	– must	④	will	– used to
⑤	must	– used to			

서술형

[17-18] 다음 문장에서 <u>틀린</u> 부분을 찾아 바르게 고치시오.

17 You had not better talk about your worries with Steve.

(   ) → (   )

18 The singer is going to preparing for his concert.

(   ) → (   )

고난도

[19-20] 다음 중 어법상 <u>틀린</u> 것을 고르시오.

19 ① Could you do me a favor?
② Those cannot be my grades.
③ You should not blame yourself.
④ Shall we to have dinner tonight?
⑤ Won't you go to English camp with us?

20 ① I cannot agree with you.
② You must arrive on time.
③ You had better to thank him.
④ Ian may not join the drama club.
⑤ Should I pick her up at the airport?

서술형

[21-22] 우리말과 뜻이 같도록 주어진 말을 사용하여 문장을 완성하시오.

21 산속에 호랑이가 많았었다. (be)

→ There _____ _____ _____ a lot of tigers in the mountains.

22 그가 그 도둑일 리가 없다. (the thief)

→ He _____ _____ _____ _____.

서술형 NEW 내신 기출

23 주어진 말을 바르게 배열하여 문장을 완성하고 해석하시오.

(the problem, able, are, the children, solve, to).

→ _____

→ _____

CHAPTER

06

수동태

능동태와 수동태

수동태의 의미와 형태

1 능동태와 수동태: 능동태는 '(주어)가 …하다'의 뜻으로 주어가 행위를 직접 하는 것을 나타내며, 수동태는 '(주어)가 …되다'의 뜻으로 주어가 행위의 영향을 받거나 당하는 것을 나타낸다.

2 수동태 만드는 방법
① 능동태의 목적어를 수동태의 주어로 쓴다.
② 능동태의 동사를 『be동사+과거분사(v-ed)』의 형태로 바꾸되 시제는 유지한다.
③ 능동태의 주어를 『by+행위자』로 바꿔 수동태 문장의 끝에 쓴다.

Many countries **use** the US dollar. (능동태)

① ② ③

The US dollar **is used** by many countries. (수동태)

수동태의 시제

1 과거시제: 『be동사의 과거형+v-ed』
My sister spilled the milk.
→ The milk **was spilled** by my sister.
Ashley made this model plane last week.
→ This model plane **was made** by Ashley last week.

2 미래시제: will be v-ed
He will cook lunch today.
→ Lunch **will be cooked** by him today.
The designer will hold a fashion show.
→ A fashion show **will be held** by the designer.

3 진행형: 『be동사+being v-ed』
I am fixing your computer at the moment.
→ Your computer **is being fixed** by me at the moment.
The nurse was calling your name.
→ Your name **was being called** by the nurse.

SPEED CHECK

빈칸에 알맞은 말을 고르시오.

1 This machine _____ by a scientist.
① was invent　　② invents　　③ invented　　④ was invented　　⑤ were invented

2 All the dishes _____ by John.
① will wash　　② will washing　　③ will be wash　　④ will be washing　　⑤ will be washed

PRACTICE TEST

정답 및 해설 p.15

A ( ) 안에서 알맞은 말을 고르시오.

1 My mother (closed / was closed by) the front door.

2 The house (will be clean / will be cleaned) by Christina.

3 These pictures (were drew / were drawn) by Picasso.

4 The movie (is be downloaded / is being downloaded) by him.

A
front door 현관문
download
[동] (데이터를) 내려받다

B 다음 수동태 문장에서 틀린 부분을 찾아 바르게 고치시오.

1 The book was wrote by Hemingway.

2 This work will be doing by me.

3 The president is elect by the people.

4 Many African countries are be given aid from international organizations.

B
elect [동] 선출하다
aid [명] 도움, 지원
international [형] 국제적인
organization [명] 조직, 기구

C 다음 문장을 수동태 문장으로 바꿔 쓰시오.

1 An Italian artist built the beautiful tower in 1986.
→ ______________________________ in 1986.

2 Ted will sing my favorite love song.
→ ______________________________________

3 Many students respect Mr. Brown.
→ ______________________________________

4 The director is making a new superhero movie.
→ ______________________________________

C
tower [명] 탑
respect [동] 존경하다
director [명] 감독
superhero [명] 슈퍼히어로

D 우리말과 뜻이 같도록 주어진 말을 사용하여 문장을 완성하시오.

1 그 와인 잔은 Dana에 의해 깨졌다. (break)
The wine glass ______ ______ ______ Dana.

2 그 미술관은 많은 사람들에 의해 방문된다. (visit)
The art gallery ______ ______ ______ many people.

3 내 노트북은 Matt에 의해 수리될 것이다. (repair)
My laptop ______ ______ ______ ______ Matt.

수동태의 여러 형태

수동태의 여러 형태

1 수동태의 부정: 『be동사+not v-ed』

The violin **wasn't played** by me.

2 수동태의 의문문: 『be동사+주어+v-ed?』

Was this window **broken** by Serena?

3 조동사의 수동태: 『조동사+be v-ed』

The fish **should be kept** in the refrigerator.

4형식과 5형식 문장의 수동태 전환

1 4형식 문장의 수동태 전환: 4형식 문장은 목적어가 두 개(간접목적어, 직접목적어)로, 보통 두 가지 수동태가 가능하다. 직접목적어가 수동태 문장의 주어일 때 대개 간접목적어 앞에 전치사 to를 쓰며, buy, make, get 등은 for를 쓴다.

Ms. Wilson **teaches** *us English grammar*.

→ *We* **are taught** English grammar by Ms. Wilson. (간접목적어를 주어로 할 때)

→ *English grammar* **is taught to** us by Ms. Wilson. (직접목적어를 주어로 할 때)

> **Tip 주의!** 전치사 for를 쓰는 동사는 보통 직접목적어만 수동태 문장의 주어로 쓰며, 간접목적어를 주어로 쓰면 어색하다.
>
> I bought **my brother a book**.
>
> → **A book** *was bought for* my brother by me. (→ **My brother** ~~was bought~~ a book by me.)

2 5형식 문장의 수동태 전환: 목적격 보어는 주어로 쓰지 않는다.

1) 대부분 5형식 문장의 수동태 전환: 목적격 보어를 그대로 둔다.

The couple **named** the cat **Muffin**.

→ The cat **was named Muffin** by the couple.

Peter **asked** Mary **to buy** some bread.

→ Mary **was asked to buy** some bread by Peter.

2) 지각동사의 수동태: 목적격 보어가 동사원형인 경우 수동태 문장에서 현재분사나 to부정사로 바꾼다.

Her mother **heard** Kate **sing** the pop song.

→ Kate **was heard singing[to sing]** the pop song by her mother.

3) 사역동사로 쓰인 make의 수동태: 목적격 보어가 동사원형인 경우 수동태 문장에서 to부정사로 바꾼다.

My mom **made** me **turn off** the light.

→ I **was made to turn off** the light by my mom.

SPEED CHECK

빈칸에 알맞은 말을 고르시오.

Jamie was made _____ to Julia by his homeroom teacher.

① apologize　　② apologizing　　③ apologizes　　④ to apologize　　⑤ apologized

PRACTICE TEST

정답 및 해설 p.15

A ( ) 안에서 알맞은 말을 고르시오.

1 I was made (paying / to pay) the bill by Linda.

2 He was heard (call / calling) my name by my sister.

3 The schedule (not was changed / was not changed) by her.

4 (Did / Was) the housework done by your husband?

5 Beautiful flowers were given (for / to) Maria by Jason.

A
pay [동] 지불하다
bill [명] 계산서
schedule [명] 일정
housework
[명] 가사, 집안일

B 다음 수동태 문장에서 틀린 부분을 찾아 바르게 고치시오.

1 The new printer didn't delivered yesterday.

2 The apartment was shown for him by my father.

3 Maggie was seen ride a bicycle by Jacob.

4 I was made following Mr. Kim's class rules.

B
deliver [동] 배달하다
follow [동] 따르다

C 다음 문장을 수동태 문장으로 바꿔 쓰시오.

1 You should take the medicine.
→ The medicine ______________________.

2 The doctor told me to avoid fried foods.
→ ______________________

3 Did the photographer take this picture?
→ ______________________

C
avoid [동] 피하다
fried [형] 기름에 튀긴
photographer
[명] 사진사

D 우리말과 뜻이 같도록 주어진 말을 사용하여 문장을 완성하시오.

1 실수는 누구에 의해서도 만들어질 수 있다. (make)
Mistakes ______ ______ ______ by everybody.

2 그 울타리는 John에 의해 하얗게 칠해졌다. (paint, white)
The fence ______ ______ ______ by John.

3 나는 그녀에 의해 저녁 식사 후에 후식을 먹는 것이 허락되었다. (allow, eat dessert)
I ______ ______ ______ ______ ______ after dinner by her.

D
mistake [명] 실수
fence [명] 울타리

주의해야 할 수동태

1 「by+행위자」의 생략: 행위자가 막연한 일반인을 나타낼 때, 중요하지 않을 때, 이미 누군지 알거나 분명하지 않을 때

French **is spoken** in Quebec, Canada. (행위자가 막연한 일반인)

The film festival **is being held** in Busan. (행위자가 중요하지 않음)

Many young people **were killed** in the war. (행위자가 분명하지 않음)

2 동사구의 수동태: 동사구 전체를 하나의 동사로 묶어 취급한다.

The doctor **took care of** the child.

The child **was taken care of** by the doctor.

> **Tip 주의!** 여러 가지 동사구
>
> | | | |
> |---|---|---|
> | • look after: '…을 돌보다' | • laugh at: '…을 비웃다' | • run over: '(차가) …을 치다' |
> | • ask for: '…을 요청하다' | • put off: '…을 연기하다[미루다]' | • bring up: '…을 키우다' |
> | • look down on: '…을 낮춰 보다[얕보다]' | | • make use of: '…을 이용[활용]하다' |

3 수동태로 쓰지 않는 동사

1) 목적어가 필요 없는 동사: appear, disappear, happen 등

He suddenly **disappeared** into the darkness.

(← He ~~was~~ suddenly **disappeared** ~~into the darkness~~.)

2) 상태나 소유의 뜻을 가진 동사:

have('…을 가지다'), become('…에 어울리다'), resemble('…을 닮다'), belong to('…의 소유이다') 등

The Hollywood star **has** a very expensive car.

(← ~~A very expensive car~~ **is had** ~~by the Hollywood star~~.)

4 by 이외의 전치사를 쓸 수 있는 수동태: 행위자를 by 이외의 전치사와 함께 쓸 수 있는 특정한 경우가 있다.

• be filled with: '…로 가득 차다' (= be full of)	• be pleased with: '…로 즐거워하다'
• be satisfied with: '…에 만족하다'	• be covered with[in]: '…로 덮여 있다'
• be disappointed at[with]: '…에 실망하다'	• be surprised at: '…에 놀라다'
• be interested in: '…에 관심이 있다'	• be made of: '…로 만들어지다' (원형이 남음)
• be known to: '…에게 알려지다'	• be made from: '…로 만들어지다' (원형이 변형됨)

My son **is interested in** pop music.

SPEED CHECK

빈칸에 알맞은 말을 고르시오.

1 Dylan _____ by his classmates today.

① laughed   ② was laughed   ③ laughed at

④ was laughed at   ⑤ was laughed with

2 She is interested _____ protecting the environment.

① for   ② in   ③ at   ④ with   ⑤ to

PRACTICE TEST

정답 및 해설 p.16

A

다음 수동태 문장에서 틀린 부분을 찾아 바르게 고치시오.

1 The statue was run over a big truck.

2 She is known of us as a great writer.

3 I was pleased in the results of the test.

4 My mother is resembled by my sister.

5 Our meeting put off because we were busy.

A
statue [명] 조각상
writer [명] 작가
result [명] 결과

B

빈칸에 by 이외의 알맞은 전치사를 쓰시오.

1 My daughter is satisfied ________ her school life.

2 The boy was surprised ________ the speed of the roller coaster.

3 The baby's room is filled ________ toys.

C

다음 문장을 수동태 문장으로 바꿔 쓰시오.

1 Wolves brought up the boy.
→ The boy ________ ________ ________ ________ ________.

2 Mike will ask for some data about the customers.
→ Some data about the customers ________ ________ ________ ________ ________ ________.

3 Many software companies look down on hackers.
→ Hackers ________ ________ ________ ________ ________ ________ ________ ________.

C
wolf [명] 늑대
data [명] 자료
customer [명] 고객
hacker [명] 해커

D

우리말과 뜻이 같도록 주어진 말을 사용하여 문장을 완성하시오.

1 그 책들은 먼지로 덮여 있었다. (with, dust)
The books ________ ________ ________ ________.

2 그 개는 내 남동생에 의해 돌보아졌다. (look after)
The dog ________ ________ ________ ________ my brother.

3 다양한 재료들이 그 예술가들에 의해 이용되었다. (make use of, the artists)
A variety of materials ________ ________ ________ ________ ________ ________ ________.

D
dust [명] (흙)먼지
a variety of 다양한
material [명] 재료

REVIEW TEST

[01-03] 다음 빈칸에 들어갈 수 있는 말을 고르시오.

01

> Your car doesn't sound right. It _____ right now.

① checks   ② was checked

③ must check   ④ must be check

⑤ must be checked

02

> The lemon trees _____ by the farmer.

① planted   ② aren't plant

③ not planted   ④ didn't planted

⑤ weren't planted

03

> The wooden desk was made _____ by Max.

① of me   ② in me

③ to me   ④ for me

⑤ from me

서술형

[04-05] 다음 문장에서 틀린 부분을 찾아 바르게 고치시오.

04 Kevin kept warm by this fur coat yesterday.

(   ) → (   )

05 An ambulance was heard pass far away.

(   ) → (   )

서술형   NEW   내신 기출

06 다음 대화의 빈칸에 들어갈 한 단어와 보기의 단어를 한 번씩만 사용하여 문장을 완성하시오.

> A: Eric, will you have dinner with me?
> B: Yes, I _____.

보기
an   be   company   by the stadium   designed   American

→ _____

[07-08] 다음 빈칸에 공통으로 들어갈 수 있는 말을 고르시오.

07

> • The beach is covered _____ white sand.
> • Alex was pleased _____ his new shoes.

① with   ② of   ③ from

④ in   ⑤ at

08

> • The doctor is known _____ my neighbors.
> • The history of the company was told _____ me by Peter.

① of   ② in   ③ for

④ to   ⑤ with

09 다음 밑줄 친 부분 중 생략할 수 있는 것은?

① Was Leo bitten by a snake?

② The tests will be graded by Mr. Smith.

③ Stars aren't seen during the day by us.

④ We'll make the drinks, but the cookies will be made by them.

⑤ Katie was made to sing in front of her classmates by the teacher.

[10-12] 다음 문장을 밑줄 친 부분을 주어로 하는 수동태 문장으로 바꿔 쓰시오.

10 Ted sent Grace the cute toys.

→ The cute toys _____ Ted.

11 Susan will look after the sick animals.

→ The sick animals _____ Susan.

12 The doctor advised my brother to get some exercise.

→ My brother _____ by the doctor.

서술형

[13-14] 다음 그림을 보고 수동태 문장을 완성하시오.

13

This cup _____ _____ _____ orange juice.

14

This spaghetti _____ _____ _____ tomato sauce.

[15-16] 다음 우리말을 영어로 바르게 옮긴 것을 고르시오.

15

네 복통은 이 알약으로 치료될 수 있다.

① Your stomachache cured by this pill.

② Your stomachache is cured by this pill.

③ Your stomachache was cured by this pill.

④ Your stomachache can cured by this pill.

⑤ Your stomachache can be cured by this pill.

16

나는 Luke에 의해 플루트 연주하는 것을 멈추게 되었다.

① I was made stop playing the flute by Luke.

② I was made stopping playing the flute by Luke.

③ I was made to stop playing the flute by Luke.

④ I was made to stopped playing the flute by Luke.

⑤ I was made to be stopped playing the flute by Luke.

고난도

[17-18] 다음 중 어법상 틀린 것을 고르시오.

17 ① I could be run over by a car.

② I was made to clean the floor.

③ The baby was taken care by her.

④ The soldier is being moved to another area.

⑤ The room is made more cheerful by the flowers.

18
① Was this package sent by her?
② The red dress is become you.
③ The girl was brought up by her uncle.
④ He was heard talking to himself by Ava.
⑤ The house will not be destroyed by the storm.

22 생일 케이크가 Lucy에 의해 구워지고 있을지도 모른다. (might, bake)

→ A birthday cake _____ _____ _____ _____ by Lucy.

19 (A), (B), (C)의 각 네모 안에서 어법에 맞는 표현을 골라 바르게 짝지은 것은?

> A: There was an accident here yesterday.
> B: What (A) happened / was happened ?
> A: A car (B) hit / was hit by a train.
> B: That's awful! Did the driver get hurt?
> A: Yes. He (C) is took / was taken to the hospital.

	(A)	(B)	(C)
①	happened	hit	is took
②	happened	was hit	was taken
③	happened	hit	was taken
④	was happened	was hit	was taken
⑤	was happened	hit	is took

23 다음 문장을 수동태 문장으로 바르게 바꿔 쓴 것을 모두 고르면?

> The waiter gave me the bill.

① I was given the bill by the waiter.
② I was given to the bill by the waiter.
③ The waiter was given the bill by me.
④ The bill was given to me by the waiter.
⑤ The bill was given for me by the waiter.

[20-22] 우리말과 뜻이 같도록 수동태와 주어진 말을 사용하여 문장을 완성하시오.

20 그것은 레오나르도 다빈치에 의해 그려지지 않았다. (paint)

→ It _____ _____ _____ by Leonardo da Vinci.

21 이 제품이 많은 손님들에 의해 요청되었나요? (this product, ask for)

→ _____ _____ _____ _____ _____ by many customers?

24 다음 문장을 수동태 문장으로 바꿀 때 틀린 것은?

① Did your brother cook the omelet?
  → Was the omelet cooked by your brother?
② The city should build the bridge.
  → The bridge should be built by the city.
③ He saw Amanda swim in the pool.
  → Amanda was seen swimming in the pool by him.
④ His friends laughed at his silly joke.
  → His silly joke was laughed by his friends at.
⑤ We will finish the group work soon.
  → The group work will be finished soon by us.

CHAPTER

07

분사

현재분사와 과거분사

A 분사: 분사는 형용사처럼 (대)명사를 꾸며주거나 보어로 쓰여 주어나 목적어를 보충 설명한다. 분사에는 『동사원형＋-ing』 형태의 현재분사(v-ing)와 『동사원형＋-ed』 형태의 과거분사(v-ed)가 있다.

B 분사의 역할

1 명사 수식

현재분사	과거분사
1) 능동: '···하는' an **exciting** *musical* 2) 능동·진행: '···하고 있는' a **sleeping** *dog*	1) 수동: '···된' two **baked** *potatoes* 2) 완료: '···한' **fallen** *leaves*

Tip 주의! 분사가 수식어구와 함께 쓰여 길어질 때는 명사 뒤에서 꾸며준다.

a person **coming** to the school / a book **written** in English

2 보어

현재분사	과거분사
College life seems **exciting**. (주격 보어) I saw *Jake* **waving** to me. (목적격 보어)	*You* look **worried**. (주격 보어) She had *her stomach* **checked** at the hospital. (목적격 보어)

3 시제와 태

현재분사	과거분사
Ann *is* **talking** on the phone now. (진행형)	My sister *has* just **come** home. (현재완료) The song *was* **written** by Tim. (수동태)

✔ **Grammar UP** 기분이나 감정을 나타내는 현재분사와 과거분사

• 현재분사: 주어, 목적어나 수식을 받는 (대)명사가 기분, 감정을 일으킬 때 쓴다.

The meal was **satisfying**. / It was a **satisfying** *meal*.

• 과거분사: 주어, 목적어나 수식을 받는 (대)명사가 기분, 감정을 느낄 때 쓴다.

I was **satisfied**. / There are many **satisfied** *customers*.

SPEED CHECK

빈칸에 알맞은 말을 고르시오.

1 I saw a boy _____ a tennis racket.

① holded   ② holds   ③ holding   ④ held   ⑤ be held

2 He used to be a _____ child.

① spoil   ② spoils   ③ spoiling   ④ spoiled   ⑤ to spoil

3 She was _____ at his test score.

① surprise   ② surprising   ③ surprised   ④ surprises   ⑤ to surprise

PRACTICE TEST

정답 및 해설 p.18

A ( ) 안에서 알맞은 말을 고르시오.

1 His father is (making / made) a chocolate cake.

2 I was very (shocking / shocked) to hear the rumor.

3 Be careful of the (breaking / broken) pieces of the glass on the floor.

4 The (barking / barked) dog in the yard is mine.

5 This is a work of art (painting / painted) by a famous artist.

6 Carl kept the door (shut / shutting) all the time.

A
rumor 몡 소문
glass 몡 유리; *유리잔
bark 통 (개 등이) 짖다
yard 몡 마당
work of art
미술품, 예술품
shut 통 닫다 (shut-shut)

B 우리말과 뜻이 같도록 주어진 말을 문맥에 맞게 바꿔 쓰시오.

1 James는 출입문에 서 있는 남자와 이야기했다. (stand)
James talked to the man _____ at the gate.

2 흥미로운 책을 읽는 것은 너의 창의성을 향상시킬 수 있다. (interest)
Reading an _____ book can improve your creativity.

3 요즘 나는 매일 오후에 피곤하게 느낀다. (tire)
These days, I feel _____ every afternoon.

4 그것이 우리 할아버지에 의해 지어진 집이다. (build)
It is the house _____ by my grandfather.

5 그녀는 스위스에서 만들어진 시계를 가지고 있다. (make)
She has a watch _____ in Switzerland.

B
gate 몡 출입문
interest
통 흥미를 일으키다
improve 통 향상시키다
creativity 몡 창의성
tire 통 피곤하게 만들다

C 우리말과 뜻이 같도록 주어진 말을 사용하여 문장을 완성하시오.

1 나는 그 편지에서 숨겨진 메시지를 하나 발견했다. (hide, message)
I found a _____ _____ in the letter.

2 그는 Toto라고 불리는 강아지 한 마리가 있다. (a puppy, call)
He has _____ _____ _____ _____.

3 나무를 오르고 있는 저 다람쥐를 봐라. (climb the tree)
Look at that squirrel _____ _____ _____.

4 나는 지루하게 하는 사람을 만나면 쉽게 지루해진다. (bore, become)
When I meet a _____ _____, I easily _____ _____.

C
hide 통 숨기다
    (hid-hidden)
find 통 찾다, 발견하다
    (found-found)
squirrel 몡 다람쥐
bore 통 지루하게 만들다

현재분사와 동명사

○ 현재분사와 동명사 모두 『동사원형+-ing』의 형태이며 명사 앞에 올 수 있다. 현재분사는 형용사 역할을, 동명사는 명사 역할을 하므로 의미 차이에 유의한다.

구분	현재분사	동명사
뜻	능동('…하는') / 능동·진행('…하고 있는')	'…하는 것'
역할	• 형용사 역할: (대)명사 수식, 보어 • 진행형: 『be동사+v-ing』	명사 역할: 주어, 목적어, 보어
예문	We saw a **flying** bird. (명사 수식) The game looks **exciting**. (보어) She is **having** lunch now. (진행형)	**Becoming** a model is her dream. (주어) I like **looking** in the mirror. (목적어) My job was **taking** care of the plants. (보어)

1 『be동사+현재분사』와 『be동사+동명사』

1) 『be동사+현재분사』: '…하고 있는 중이다' (진행형)

Mike *is* **crying** on the phone.

(Mike ≠ crying on the phone)

2) 『be동사+동명사』: '…하는 것(이다)' (보어)

One of my hobbies *is* **listening** to rock music.

(One of my hobbies = listening to rock music)

2 『현재분사+명사』 vs. 『동명사+명사』

1) 『현재분사+명사』: '…하는', '…하고 있는'의 뜻으로, 명사를 수식하며 능동·진행을 나타낸다.

Look at the **swimming** man. (the swimming man → the man is swimming)

The man **swimming** with dolphins is my boyfriend.

(The man swimming with dolphins → The man is swimming with dolphins)

2) 『동명사+명사』: '…을 위한', '…로 사용되는'의 뜻으로, 용도나 목적을 나타낸다.

There is a **swimming** pool at his house. (a swimming pool → a pool for swimming)

SPEED CHECK

다음 밑줄 친 부분이 현재분사인지 동명사인지 구별하시오.

1 The monkey eating bananas is cute.
2 Ella is drinking water in the kitchen.
3 Don't forget to bring drinking water when you go hiking.
4 There isn't a smoking room in this building.

PRACTICE TEST

A 두 문장을 한 문장으로 만들 때 빈칸에 알맞은 말을 쓰시오.

1 I grow flowers in my garden. I enjoy it.
→ I enjoy _____ flowers in my garden.

2 Look at the stars in the sky. They are shining.
→ Look at the _____ stars in the sky.

3 The boy is throwing a ball. He is my son.
→ The boy _____ a ball is my son.

4 She plays the cello. It's her hobby.
→ Her hobby is _____ the cello.

B 다음 문장에서 <u>틀린</u> 부분을 찾아 바르게 고치시오.

1 Look at the little child sit on the grass.
2 She gave some toys to the cry baby.
3 I am take a computer course this semester.
4 The wait room is on the first floor.
5 My new run shoes are comfortable.

C 우리말과 뜻이 같도록 주어진 말을 사용하여 문장을 완성하시오.

1 소방관들은 불타고 있는 건물 안으로 뛰어들어갔다. (burn, building)
The firefighters ran into the _____ _____.

2 나는 금요일 밤에 떠나는 항공편을 예약했다. (a flight, leave)
I booked _____ _____ _____ Friday night.

3 John은 그의 방에서 숙제하고 있다. (do one's homework)
John _____ _____ _____ _____ in his room.

4 외국어를 배우는 것은 쉽지 않다. (learn, a foreign language)
_____ _____ _____ _____ is not easy.

5 나는 그 냄비에 끓는 물을 조금 부었다. (boil, water)
I poured some _____ _____ into the pot.

A
garden 명 정원, 뜰
shine 동 빛나다
throw 동 던지다
cello 명 첼로

B
grass 명 잔디밭
semester 명 학기
comfortable 형 편안한

C
burn 동 불타다
flight 명 비행, 여행;
*항공편
book 동 예약하다
foreign 형 외국의
language 명 언어
boil 동 끓다
pour 동 쏟다, 붓다
pot 명 냄비

분사구문

A

분사구문: 분사구문은 『접속사＋주어＋동사』의 부사절을 현재분사(v-ing)를 사용하여 부사구로 줄여 쓴 구문이다.

B

분사구문 만드는 법

부사절과 주절의 주어가 같을 때 부사절의 접속사와 주어를 생략하고, 동사를 현재분사(v-ing)로 바꾼다.

Hearing the news, he started to cry.

(← **When _he_ heard** the news, _he_ started to cry.)

> **Tip 주의!** 분사구문의 부정: 『not/never ＋ 분사』
>
> **Not knowing** the password, I couldn't log on the website.

C

분사구문의 의미

1   때: '…할 때(when/as)', '…한 후에(after)', '…하는 동안(while)'

   Arriving at the airport, she turned on her cell phone.

   (← **When _she_ arrived** at the airport, _she_ turned on her cell phone.)

2   동시동작: '…하면서(as)'

   Sitting on the sofa, I watched TV.

   (← **As _I_ sat** on the sofa, _I_ watched TV.)

3   이유, 원인: '…하기 때문에(because/as/since)'

   Exercising regularly, I was very healthy.

   (← **Because _I_ exercised** regularly, _I_ was very healthy.)

4   조건: '…한다면(if)'

   Taking this bus, you will get to Seoul Station.

   (← **If _you_ take** this bus, _you_ will get to Seoul Station.)

5   양보: '…일지라도', '…에도 불구하고' (although/though)

   Though having a fever, he didn't go to the hospital.

   (← **Though _he_ had** a fever, _he_ didn't go to the hospital.)

> **Tip 주의!** 양보를 나타내는 분사구문은 대개 접속사를 남겨 둔다.

SPEED CHECK

밑줄 친 부분에 유의하여 다음 문장을 해석하시오.

1   <u>Waiting for Sandra</u>, I drank tea with Jake.

2   <u>Being poor</u>, he could not buy the expensive car.

3   <u>Holding the baby</u>, I sang her a song.

PRACTICE TEST

정답 및 해설 p.19

A 다음 밑줄 친 부분을 분사구문으로 바꿔 쓰시오.

1 While I cleaned my room, I found many coins.
→ _______ _______ _______, I found many coins.

2 As she smiled brightly, my girlfriend looked at me.
→ _______ _______, my girlfriend looked at me.

3 Because we didn't know what to say, we kept silent.
→ _______ _______ _______ _______ _______, we kept silent.

A
coin [명] 동전
brightly [부] 밝게
silent [형] 조용한, 침묵을 지키는

B 다음 밑줄 친 부분을 『접속사+주어+동사』의 부사절로 바꿔 쓰시오.

1 Walking in the rain, I caught a cold.
→ _______ _______ _______ _______ _______ _______, I caught a cold.

2 Shopping online, I ate some snacks.
→ _______ _______ _______ _______, I ate some snacks.

3 Meeting her, you'll love her.
→ _______ _______ _______ _______, you'll love her.

4 Though having a lot of work, he went to the festival.
→ _______ _______ _______ _______ _______ _______ _______, he went to the festival.

B
catch a cold 감기에 걸리다
shop [동] 쇼핑하다, 사다
snack [명] 간단한 식사, 간식

C 우리말과 뜻이 같도록 주어진 말을 사용하여 문장을 완성하시오.

1 몸이 좋지 않아서 Dave는 그 모임에 가지 않았다. (feel, well)
_______ _______ _______, Dave didn't go to the meeting.

2 클래식 음악을 들으면서 나는 잠이 들었다. (listen to, classical music)
_______ _______ _______ _______, I fell asleep.

3 그의 친구를 기다리며 그는 화가 나기 시작했다. (wait for, friend)
_______ _______ _______ _______, he began to get angry.

4 버스 정류장으로 달려가다가 나는 내 카드를 떨어뜨렸다. (run to, the bus stop)
_______ _______ _______ _______ _______, I dropped my card.

C
feel well 건강 상태가 좋다
classical [형] 고전적인; *클래식의
fall asleep 잠들다

REVIEW TEST

[01-03] 다음 빈칸에 들어갈 수 있는 말을 고르시오.

01

> I found my necklace _____.

① break
② breaks
③ broke
④ breaking
⑤ broken

02

> It was _____ to see Ms. Davis at the park.

① surprise
② surprised
③ surprising
④ to surprise
⑤ having surprised

03

> _____ a walk, you can see many different plants and animals.

① Take
② Takes
③ Took
④ Taking
⑤ To take

서술형

[04-06] 다음 밑줄 친 부분을 분사구문으로 바꿔 쓰시오.

04 Though she lives in a city, she has always wanted to live in the country.

→ _____ _____ _____ _____,
she has always wanted to live in the country.

05 Because they were young, they couldn't go there.

→ _____ _____, they couldn't go there.

06 As he held my hand, he kept crying.

→ _____ _____ _____, he kept crying.

NEW 내신 기출

07 다음 문장의 밑줄 친 부분에 대해 잘못 설명한 학생을 모두 고르면?

> Not seeing the bus, I decided to go back home.

① 하늬: 여기서 seeing은 현재분사야.
② 규민: Not을 Didn't로 고쳐 써야 해.
③ 윤주: 여기서 seeing은 주어 역할을 해.
④ 해찬: 때를 나타내는 접속사를 사용하여 바꿔 쓸 수 있어.
⑤ 솔비: Because I didn't see the bus로 바꿔 쓸 수 있어.

[08-09] 다음 대화의 빈칸에 들어갈 수 있는 말을 고르시오.

08

> A: How was the TV show?
> B: It was _____. So I turned the TV off.

① bore
② boring
③ bored
④ to bore
⑤ to be bored

09

A: Did you hear about the fire at the shop?
B: Yes. I was _____ to hear about it.

① shock
② shocking
③ shocked
④ being shocked
⑤ to shock

10 다음 밑줄 친 부분과 의미가 같은 것은?

Laughing and talking, the children climbed the hill.

① If they laughed and talked
② As they laughed and talked
③ Since they laughed and talked
④ Though they laughed and talked
⑤ Because they laughed and talked

서술형

[11-13] 다음 문장에서 틀린 부분을 찾아 바르게 고치시오.

11 Lived near his house, I have seen him many times.
(   ) → (   )

12 Seeing my grade, I was disappointing.
(   ) → (   )

13 Getting up not on time, I was late for the interview.
(   ) → (   )

서술형

14 다음 그림을 보고 주어진 말을 사용하여 문장을 완성하시오.

1) The girl _____ _____ _____ is Mia.
(cut, the cake)
2) The boy _____ _____ _____ to Wendy is Max. (give, some flowers)
3) There's a birthday sign _____ on the wall. (hang)

15 다음 밑줄 친 부분의 쓰임이 나머지와 다른 것은?

① Being brave, he traveled alone.
② Being happy, Linda shouted aloud.
③ Being honest is a good thing, but it's not everything.
④ Being a high school student, Mia reads English novels.
⑤ Being interested in dancing, I decided to go to a dance academy.

[16-17] 다음 빈칸에 들어갈 말을 바르게 짝지은 것을 고르시오.

16

> ⓐ Most of the people _____ to the party are my relatives.
> ⓑ There were many reporters _____ for the actor in the room.

	ⓐ		ⓑ
① inviting	– waiting	② invited	– waited
③ invited	– waiting	④ inviting	– waited
⑤ invite	– waiting		

17

> ⓐ Rebecca sat _____ on the phone.
> ⓑ The blue truck _____ in front of this building is mine.

	ⓐ		ⓑ
① talking	– parking	② talked	– parked
③ talking	– parked	④ talked	– parking
⑤ talking	– park		

고난도

18 다음 중 어법상 <u>틀린</u> 것은?

① The baby holding a doll is cute.
② The problem was solved by Mindy.
③ The art gallery was very disappointing.
④ He showed me the picture of the losing child.
⑤ Not knowing what to do, I asked her for some advice.

서술형 NEW 내신 기출

19 주어진 문장과 같은 뜻이 되도록 조건에 맞게 문장을 완성하시오.

> I woke up. At that moment, I heard someone calling my name.
> → (A) _____
> → (B) _____

> ─────| 조건 |─────
> • 문장 (A)는 if, when, because, though 중 알맞은 접속사를 골라 쓸 것
> • 문장 (B)는 분사구문을 사용하여 쓸 것
> • 어법에 맞게 완전한 문장으로 쓸 것

서술형

[20-22] 우리말과 뜻이 같도록 주어진 말을 사용하여 문장을 완성하시오.

20 그는 그녀의 대답에 놀라 보였다. (look, surprise)
→ He _____ _____ at her reply.

21 최선을 다한다면 너는 네 꿈을 이룰 것이다.
(try one's best)
→ _____ _____ _____, you will achieve your dream.

22 과학 보고서를 쓴 뒤 나는 내 컴퓨터를 껐다.
(write a science report)
→ _____ _____ _____ _____, I turned off my computer.

CHAPTER

08

대명사

부정대명사 I

○ **부정대명사**: 범위가 정해지지 않은 막연한 사람이나 사물을 가리키는 대명사로, 일부 부정대명사는 형용사로 쓰이기도 한다.

1 one

1) 앞서 언급된 명사와 같은 종류이나 불특정한 것[사람]을 나타낼 때 쓴다.

I lost my *cell phone*, so I bought a new **one**. (one = a cell phone)

> **Tip 비교!** it: 앞서 언급된 특정한 사물을 가리킬 때 쓴다.
> I lost *my cell phone*, but then I found **it**. (it = my cell phone)

2) 앞서 나온 명사를 받을 때 쓴다.

There are three *rooms* in his house: a large **one** and two small **ones**. (one = room / ones = rooms)

2 some, any: '조금', '몇몇[약간]의'의 뜻으로, some은 주로 긍정문·권유문에, any는 주로 부정문·의문문에 쓴다.

Would you like to have **some** tea? (권유문) – Sure. I'll have **some**. (긍정문)

Do you have **any** ideas? (의문문) – No, I don't have **any**. (부정문)

3 all: '모두', '모든 (것)'의 뜻으로, 상황에 따라 수가 다르다.

1) 단독으로 쓸 때: 대명사이고, 사람을 나타낼 때는 복수 취급, 사물이나 상황을 나타낼 때는 단수 취급한다.

All *were* tired. / **All** *is* calm.

2) 『all (of)+(대)명사』일 때: (대)명사의 수에 동사를 일치시킨다.

All (of) *my classmates* like me. / **All (of)** *the work* is done.

4 both: '둘 다', '양쪽(의)'의 뜻으로, 복수 취급한다.

I have two cousins. **Both** of them *live* in Sydney.

Both my parents *are* scientists.

> **Tip 비교!** both A and B: 'A와 B 둘 다'의 뜻으로, 복수 취급한다.
> **Both** my father **and** mother *are* scientists.

5 each: '각각(의)'의 뜻으로, 단수 취급한다.

Each country *has* its own flag.

Each of them *is* from a different country.

> **Tip 비교!** every: '모든'의 뜻으로, 단수 취급하며 형용사로만 쓴다.
> **Every** girl *wants* to have her own room.

SPEED CHECK

빈칸에 알맞은 말을 고르시오.

1 I don't have a large umbrella. I need _____.

① one　　　② both　　　③ any　　　④ every　　　⑤ all

2 I don't have _____ plans for the vacation.

① one　　　② both　　　③ any　　　④ some　　　⑤ all

PRACTICE TEST

정답 및 해설 p.20

A ( ) 안에서 알맞은 말을 고르시오.

1 Both the dresses (is / are) cheap.
2 Would you like (some / any) more cake?
3 All the books on this shelf (is / are) boring.
4 I don't have (some / any) questions about the problem.
5 Every country (have / has) its own traditional culture.
6 I have many cookies. Do you want (it / one)?

A
shelf 몡 선반
problem 몡 문제
traditional 혱 전통적인
culture 몡 문화

B 다음 문장에서 틀린 부분을 찾아 바르게 고치시오.

1 Both Jack and Peter is from Australia.
2 Is there any water? – No, there isn't some.
3 Each player on the team wear soccer shoes.
4 Every student in the school have to run every morning.

C one과 it 중 알맞은 말을 빈칸에 쓰시오.

1 Here comes the bus. Don't miss _____.
2 Do you like this yellow shirt with a pocket? – Yes, I like _____.
3 Is there a bakery near here? – Yes, there is _____ on the left.
4 She made four hairpins for her daughter: a red _____ and three yellow _____.

D 우리말과 뜻이 같도록 주어진 말을 사용하여 문장을 완성하시오.

D
machine 몡 기계

1 과학과 미술은 둘 다 어렵다. (science, art)
_____ _____ _____ _____ _____ difficult.

2 우리들 각각은 다른 꿈을 갖고 있다. (us)
_____ _____ _____ _____ a different dream.

3 그들 모두가 약간의 아이스크림을 먹고 있었다. (eat)
_____ _____ _____ _____ _____ some ice cream.

4 이 기계에는 약간의 문제들이 있다. (there, problems)
_____ _____ _____ _____ with this machine.

CHAPTER 08 대명사 **79**

부정대명사 Ⅱ

1 another: '또 하나 다른 것(의)', '또 하나(의)'

I don't like this book. Please recommend me **another**.

I need **another** computer in my room.

Will you have **another** glass of juice?
　　　　　　(= one more)

2 one ... the other ~: '(둘 중의) 하나는 …, 다른 하나는 ~'

Chloe gave me two skirts: **one** is short and **the other** is long.

I have two pets: **one** is an iguana and **the other** is a rabbit.

> **Tip 비교!** one ..., another ~, the other[third] ~: '(셋 중의) 하나는 …, 다른 하나는 ~, 나머지 하나는 ~'
> I have three close friends: **one** is Chinese, **another** is French, and **the other**[third] is Italian.

3 some ... others ~: '어떤 것[사람]들은 …, 또 어떤 것[사람]들은 ~'

Some like dance music and **others** like ballads.

There are many fruits in the basket. **Some** are oranges and **others** are melons.

> **Tip 비교!** some ... the others ~: '어떤 것[사람]들은 …, 나머지 모든 것[사람]들은 ~'
> **Some** students in my class agreed with my opinion, but **the others** didn't.

4 each other / one another: '서로'의 뜻으로, each other는 둘일 때, one another는 셋 이상일 때 쓸 수 있지만 보통 구분 없이 쓴다.

James and I know **each other** very well.

We should be polite to **one another**.

SPEED CHECK

빈칸에 알맞은 말을 고르시오.

1 My father bought two mugs: one was for me and _____ was for my sister.
　① other　　　② others　　　③ another　　　④ the other　　　⑤ the others

2 Some like summer and _____ like winter.
　① one　　　② other　　　③ another　　　④ others　　　⑤ the other

3 In my hometown, everyone knows _____.
　① another　　　② other　　　③ the other　　　④ others　　　⑤ one another

PRACTICE TEST

A ( ) 안에서 알맞은 말을 고르시오.

1 This glass is broken. Give me (other / another).

2 Some boys in the park played chess and (the other / the others) played with a ball.

3 The dog and the cat don't like (other / each other).

4 Friends should help (each / one) another.

A
play chess 체스를 두다

B 다음 밑줄 친 부분을 어법에 맞게 고치시오.

1 We saw two movies: one was a horror movie and <u>another</u> was an action movie.

2 There are tables of different shapes. Some are round and <u>other</u> are square.

3 I baked three different cakes. One is chocolate, another is strawberry, and <u>other</u> is vanilla.

B
shape 몡 모양, 형태
round 톙 원형의
square 톙 사각형의

C 보기에서 알맞은 말을 골라 빈칸에 쓰시오.

| 보기 | one   others   another   each other |

1 Some people are kind and _____ are not.

2 The couple looked at _____ with a smile.

3 This paper is not clean. I should use _____ piece.

4 The boy is holding a ball in _____ hand and a glove in the other.

C
hold 됭 갖고 있다, 들고 있다

D 우리말과 뜻이 같도록 주어진 말을 사용하여 문장을 완성하시오.

1 나는 또 하나의 다른 언어를 배우고 있다. (language)
I am learning _____ _____.

2 다섯 마리의 고양이가 있다. 어떤 것들은 검은색이고, 나머지 모든 것들은 회색이다. (black)
There are five cats: _____ _____ _____ and _____ _____ are gray.

3 나는 소설을 두 편 읽었다. 하나는 재미있었고, 다른 하나는 지루했다. (interesting, boring)
I read two novels: _____ _____ _____ and _____ _____ _____ _____.

D
language 몡 언어

재귀대명사

○ **재귀대명사**: '… 자신'이라는 뜻으로, 인칭대명사의 소유격이나 목적격에 -self/-selves를 붙여 만든다.

1 **재귀 용법**: 주어가 행하는 동작의 대상이 주어 자신일 때 사용하며 생략할 수 없다.

   1) 동사의 목적어

      He's *teaching* **himself** Japanese.

      Emily quickly *hid* **herself** behind the tree.

   2) 전치사의 목적어

      Eric thinks *of* **himself** as a top model.

      She was disappointed *in* **herself**.

> **Tip 주의!** 재귀대명사를 포함한 표현
>
> - seat oneself: '앉다'
> - dress oneself: '옷을 입다'
> - burn oneself: '데다', '화상을 입다'
> - talk to oneself: '혼잣말하다'
> - enjoy oneself: '즐거운 시간을 보내다' (= have a good time)
> - excuse oneself: '변명하다', '양해를 구하고 자리를 뜨다'

2 **강조 용법**: '직접', '스스로'의 뜻으로, 주어나 목적어를 강조할 때 사용하며 생략할 수 있다.

   I made the bookmark **myself**. (주어 강조)

   I like *the movie* **itself**, not the actor. (목적어 강조)

3 재귀대명사가 쓰인 관용 표현

   - by oneself: '혼자서'; '혼자 힘으로'
   - beside oneself: '제정신이 아닌'
   - make oneself at home: '편하게 지내다/쉬다'
   - between ourselves: '우리끼리 얘기지만', '비밀이지만' (= between you and me)

   - for oneself: '스스로'; '스스로를 위해'
   - in itself: '본래', '그 자체가'
   - help oneself (to): '(…을) 마음껏 먹다'

I made this bracelet **by myself**.

Let's keep this story **between ourselves**.

SPEED CHECK

빈칸에 알맞은 말을 고르시오.

1 He painted the large picture _____ .

   ① him   ② himself   ③ hers   ④ herself   ⑤ themselves

2 She studied math and science _____ herself.

   ① by   ② of   ③ in   ④ beside   ⑤ between

PRACTICE TEST

정답 및 해설 p.22

A ( ) 안에서 알맞은 말을 고르시오.

1 The little girl dressed (her / herself) for the first time.
2 He was sitting on the bench (in / by) himself.
3 Ms. Smith came to see me (her / herself).
4 Help (you / yourself) to these cookies.
5 I saw the president (him / himself) on the bus.

A
president [명] 대통령

B 다음 문장에서 틀린 부분을 찾아 바르게 고치시오.

1 We did all the work yourself.
2 I think you need to believe in you.
3 I found me in a hospital when I woke up.
4 Please make you at home.

B
believe in …(의 능력·성품)을 믿다, 신뢰하다

C 재귀대명사와 보기의 말을 사용하여 문장을 완성하시오.

| 보기 |	beside	excuse	seat

1 I _______ _______ from the meeting to take a call.
2 The woman was _______ _______ with anger.
3 Sir, please _______ _______ and take a menu.

C
with anger 화가 나서

D 우리말과 뜻이 같도록 주어진 말을 사용하여 문장을 완성하시오.

1 그들은 빵을 굽는 동안 화상을 입었다. (burn)
_______ _______ _______ while they were baking bread.

2 그는 자신을 돌보지 않았다. (take care of)
_______ _______ _______ _______ _______ _______.

3 나는 내 방에서 혼잣말하곤 했다. (used, talk)
I _______ _______ _______ _______ _______ in my room.

REVIEW TEST

[01-02] 다음 빈칸에 들어갈 수 있는 말을 고르시오.

01

> A: Is there a bank near here?
> B: Yes. There's _____ just around the corner.

① it   ② one
③ all   ④ few
⑤ some

02

> Some people want to read comic books and _____ want to play board games.

① one   ② other
③ others   ④ another
⑤ the other

서술형

[03-05] 우리말과 뜻이 같도록 문장을 완성하시오.

03 나는 애플파이 한 조각을 이미 먹었어. 또 하나 더 먹어도 되니?

→ I already ate a piece of apple pie. Can I have _____ ?

04 그 반의 모든 남자아이들이 방과 후에 축구하는 것을 좋아한다.

→ _____ _____ in the class likes to play soccer after school.

05 내가 컵케이크를 몇 개 샀어. 너에게 하나 줄게.

→ I bought some cupcakes. I will give you _____ .

[06-07] 다음 빈칸에 들어갈 말을 바르게 짝지은 것을 고르시오.

06

> ⓐ This napkin is wet. Can you bring me _____ ?
> ⓑ I bought ten pens. I put some on the desk and _____ in the drawer.

	ⓐ	ⓑ
①	one	– others
②	one	– the other
③	the other	– another
④	another	– the others
⑤	another	– one another

07

> ⓐ Every actor in the movie _____ famous.
> ⓑ Both of them _____ good at playing the guitar.
> ⓒ All the shops on this street _____ crowded with shoppers.

	ⓐ	ⓑ	ⓒ			ⓐ	ⓑ	ⓒ
①	is	– are	– is		②	are	– is	– are
③	is	– are	– are		④	is	– is	– are
⑤	are	– are	– is					

서술형 **NEW** **내신 기출**

08 주어진 문장과 같은 뜻이 되도록 조건에 맞게 문장을 완성하시오.

> We had a good time at the music festival.
> → _____

---| 조건 |---
• 재귀대명사를 활용할 것
• 7단어의 완전한 문장으로 쓸 것

09 다음 밑줄 친 부분의 쓰임이 <u>어색한</u> 것은?

① Tina went on a trip by <u>herself</u>.
② Please seat <u>yourself</u> anywhere.
③ I need to speak to Emily <u>herself</u>.
④ We finished the report <u>themselves</u>.
⑤ He said to <u>himself</u>, "What can I do?"

12

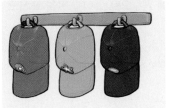

I have three caps: _____ is purple, _____ is green, and _____ is black.

10 다음 중 어법상 옳은 것은 모두 몇 개인가?

ⓐ All is silent at night.
ⓑ She has any time for an interview.
ⓒ Would you like some orange juice?
ⓓ I don't have some money to buy it.
ⓔ David, Aaron, and I get along well with one another.

① 1개   ② 2개   ③ 3개
④ 4개   ⑤ 5개

[13-14] 다음 중 어법상 <u>틀린</u> 것을 고르시오.

13 ① All the people was happy.
② Will you have some cookies?
③ Both of the pants were expensive.
④ Each of the men has his own family.
⑤ If you have some questions, raise your hand.

[11-12] 다음 그림을 보고 알맞은 대명사를 사용하여 문장을 완성하시오.

11

A: What is Olivia doing now?
B: She is _____ _____ _____ in the mirror.

14 ① I'd like to see another kind of book.
② Brian and I hugged each other and cried.
③ I made two purses. One is white and another is red.
④ I don't have a cup now, so I will buy one at the store.
⑤ Some students ate hamburgers and others ate sandwiches.

[15-17] 다음 빈칸에 공통으로 들어갈 말을 쓰시오.

15 Please make _____ at home and help _____ to some snacks, Peter.

16 • I'll need _____ tools to fix my bicycle.
• _____ of the audience members liked the movie, but the others didn't.

17 A: Are there _____ VIP tickets for the concert left?
B: No, there aren't _____ .

18 다음 우리말을 영어로 바르게 옮긴 것을 모두 고르면?

> 디저트와 함께 커피 한 잔 더 드시겠어요?

① Would you like to have other cup of coffee with a dessert?
② Would you like to have another cup of coffee with a dessert?
③ Would you like to have the other cup of coffee with a dessert?
④ Would you like to have one more cup of coffee with a dessert?
⑤ Would you like to have one another cup of coffee with a dessert?

19 다음 밑줄 친 부분의 쓰임이 나머지와 다른 것은?

① I wrote the poem myself.
② Wendy is very proud of herself.
③ Did he really teach himself English?
④ The children took care of themselves.
⑤ Diana doesn't really express herself well.

[20-22] 우리말과 뜻이 같도록 알맞은 부정대명사와 주어진 말을 사용하여 문장을 완성하시오.

20 각각의 사람은 다른 성격을 갖고 있다. (person)
→ _____ _____ _____ a different personality.

21 Sam과 내 여동생 둘 다 그 야구 경기를 보고 싶어 한다. (want)
→ _____ _____ _____ _____ _____ _____ to watch the baseball game.

22 그 파티에서의 모든 음식이 맛있었다. (the food, delicious)
→ _____ _____ _____ at the party _____ _____ .

23 다음 밑줄 친 부분 중 생략할 수 있는 것은?

① Be careful not to cut yourself.
② The artist signed the painting herself.
③ Jake will finish this project by himself.
④ Laura was beside herself when she lost her ring.
⑤ The boy excused himself and went to the bathroom.

CHAPTER

09

비교 구문

비교구문

1 「as+형용사/부사의 원급+as」: '…만큼 ~한/하게'

The night view is **as beautiful as** a painting.

Dad cooks **as well as** Mom does.

Busan is **not as[so] hot as** Daegu.

2 「형용사/부사의 비교급+than」: '…보다 더 ~한/하게'

Drinking milk is **healthier than** drinking soda.

Paul can solve math problems **faster than** I can.

Basketball is **more interesting than** baseball.

> **Tip 주의** 비교급 강조: 「much/even/a lot/far+비교급+than」 '…보다 훨씬 더 ~한/하게'
> The earth is **much** *bigger than* the moon.

3 「the+형용사/부사의 최상급」: '가장 …한/하게'

　1) 「the+최상급+in+장소나 범위를 나타내는 단수명사」: '… (안)에서 가장 ~한/하게'

　　Ted is **the strongest** man *in the town*.

　2) 「the+최상급+of+비교의 대상이 되는 명사」: '… 중에서 가장 ~한/하게'

　　Surfing is **the most exciting** *of all water sports*.

4 비교급과 최상급을 만드는 방법

		원급	비교급	최상급
대부분의 형용사/부사	+-er/-est	tall	tall**er**	tall**est**
-e로 끝나는 형용사/부사	+-r/-st	nice	nice**r**	nice**st**
〈단모음+단자음〉으로 끝나는 형용사/부사	자음을 한 번 더 쓰고 +-er/-est	hot	hot**ter**	hot**test**
-y로 끝나는 형용사/부사	y를 i로 바꾸고 +-er/-est	heavy	heav**ier**	heav**iest**
-ful/-less/-ous 등으로 끝나는 2음절이거나 3음절 이상인 형용사/부사	more/most+원급	careful	**more** careful	**most** careful
불규칙 변화		good/well	**better**	**best**
		bad/ill	**worse**	**worst**
		many/much	**more**	**most**
		little	**less**	**least**

SPEED CHECK ▶

빈칸에 알맞은 말을 고르시오.

1 My grandfather is _____ older than my grandmother.

① very　　　　② only　　　　③ much　　　　④ ever　　　　⑤ many

2 I'm the _____ girl in my family.

① young　　　② younger　　　③ youngest　　　④ more young　　　⑤ most young

PRACTICE TEST

정답 및 해설 p.23

A ( ) 안에서 알맞은 말을 고르시오.

1 Today is not as (cold / colder) as yesterday.
2 Matt says that he is (smart / smarter) than Diana.
3 She is the (more / most) famous actress in Hong Kong.
4 My dog is (very / a lot) bigger than yours.
5 Dylan is the (faster / fastest) boy in his school.

B 다음 문장에서 틀린 부분을 찾아 바르게 고치시오.

1 My scarf is as cheaper as yours.
2 This doll is much pretty than a Barbie doll.
3 The Louvre Museum is largest museum in Paris.
4 Cheesecake is the more delicious of all desserts.
5 Health is more far important than money.

B
scarf [명] 스카프, 목도리
dessert [명] 디저트, 후식
important [형] 중요한

C 우리말과 뜻이 같도록 주어진 말을 사용하여 문장을 완성하시오.

1 Veronica는 모델만큼 키가 크다. (tall)
Veronica is _______ _______ _______ a model.

2 그들은 나만큼 바쁘지는 않다. (busy)
They are _______ _______ _______ _______ I am.

3 다이아몬드는 돌보다 더 딱딱하다. (hard)
Diamonds _______ _______ _______ rocks.

4 Daniel은 내 친구들 중에서 가장 부지런하다. (diligent)
Daniel is _______ _______ _______ _______ my friends.

5 Bell의 오빠는 나의 오빠보다 훨씬 더 나이가 많다. (old)
Bell's brother is _______ _______ _______ my brother.

C
rock [명] 암석, 돌
diligent [형] 부지런한

비교 구문을 이용한 표현

1 「배수사＋as＋원급＋as」: '…의 몇 배로 ~한/하게' (= 「배수사＋비교급＋than」)

Andrew works **twice as hard as** others.

My backpack is **three times as heavy as** yours.

= My backpack is **three times heavier than** yours.

> **Tip 주의!** 배수사: 몇 배인지를 뜻하는 말로, 두 배는 twice, 세 배 이상은 「숫자＋times」로 나타낸다.

2 「the＋비교급, the＋비교급」: '…(하면) 할수록 더 ~하다'

The more you focus, **the faster** you'll finish your work.

The more you laugh, **the happier** you will be.

3 「비교급＋and＋비교급」: '점점 더 …한/하게'

The world is getting **smaller and smaller** these days.

They spoke **more and more loudly** in the library.

4 「Which[Who] … 비교급, A or B?」: 'A와 B 중에 어느 것이[누가] 더 …한가?'

Which do you like **better**, fish **or** meat?

Who is **younger**, your brother **or** Tom's brother?

5 「one of the＋최상급＋복수명사」: '가장 …한 것[사람]들 중 하나'

Einstein is **one of the most famous scientists** in history.

African elephants are **one of the largest animals** in the world.

SPEED CHECK

1 This company is _____ as large as it was a year ago.

① two ② twice ③ two time ④ second ⑤ the two times

2 The older she grew, _____ she became.

① wise ② wiser ③ wisest ④ the wiser ⑤ the wisest

3 London is one of _____ cities in the world.

① big ② bigger ③ biggest ④ the big ⑤ the biggest

4 You look prettier and _____.

① pretty ② prettier ③ prettiest ④ more pretty ⑤ most pretty

PRACTICE TEST

정답 및 해설 p.24

A

( ) 안에서 알맞은 말을 고르시오.

1 Dan practices the flute twice as (hard / harder) as Sue.
2 He is one of the funniest (character / characters) in the show.
3 The earlier you find the problem, (most easily / the more easily) you can fix it.
4 Who do you like (more / most), Superman or Batman?
5 As it got darker, he drove (much and much / more and more) carefully.

A
practice [동] 연습하다
funny [형] 재미있는, 웃기는
character [명] 성격; *등장인물
fix [동] 고치다, 바로잡다

B

다음 밑줄 친 부분을 어법에 맞게 고치시오.

1 He earns three times much than Mr. Brown.
2 In summer, the days get long and long.
3 Which is important, love or friendship?
4 Chris is one of the more humorous people in my company.
5 Leo is five as funny as Eric.

B
earn [동] (돈을) 벌다
friendship [명] 우정
humorous [형] 유머러스한, 재미있는

C

우리말과 뜻이 같도록 주어진 말을 사용하여 문장을 완성하시오.

1 그 침대와 그 소파 중에 어느 것이 더 편하니? (comfortable)
_______ _______ _______ _______, the bed or the sofa?

2 하늘이 점점 더 어두워지고 있다. (dark)
The sky is getting _______ _______ _______.

3 우리가 더 많이 가질수록 우리는 더 많이 원한다. (have)
_______ _______ _______ _______, _______ _______ we want.

4 Charles Dickens는 세계에서 가장 훌륭한 작가들 중 한 명이다. (great, writer)
Charles Dickens is _______ _______ _______ _______ _______ in the world.

5 꽃은 향수보다 열 배 더 좋은 냄새가 난다. (good)
Flowers smell _______ _______ _______ than perfume.

C
comfortable [형] 편안한
perfume [명] 향수

REVIEW TEST

[01-03] 다음 빈칸에 들어갈 수 있는 말을 고르시오.

01

> Angela reads English novels much _____ than I do.

① fast   ② faster

③ fastest   ④ more faster

⑤ most fast

02

> The more you practice, the _____ you'll be.

① good   ② well

③ better   ④ best

⑤ most

03

> Which flower is _____, tulips or roses?

① popularer   ② the popular

③ more popular   ④ the more popular

⑤ the popularest

서술형

[04-05] 주어진 말을 사용하여 두 문장을 한 문장으로 만드시오.

04
- Jina exercises for three hours a day.
- Kate exercises for three hours a day.
- → Jina exercises _____ _____ _____ Kate does. (much)

05
- The blue skirt is $20.
- The white skirt is $60.
- → The white skirt is _____ _____ _____ _____ than the blue one.

(times, expensive)

[06-07] 다음 빈칸에 들어갈 수 <u>없는</u> 말을 고르시오.

06

> Mice are _____ smaller than rabbits.

① much   ② even

③ very   ④ a lot

⑤ far

07

> His new bicycle is not as _____ as mine.

① light   ② stylish

③ expensive   ④ better

⑤ comfortable

08 다음 표의 내용과 일치하는 것은?

Sally	Tommy	Nick
14 years	16 years	12 years
59 kg	73 kg	63 kg
160 cm	165 cm	167 cm

① Sally is the oldest of all.

② Sally is shorter than Nick.

③ Tommy is taller than Nick.

④ Tommy is younger than Sally.

⑤ Nick is heavier than the others.

[09-10] 다음 빈칸에 공통으로 들어갈 수 있는 말을 고르시오.

09

> • Drink as _____ as you want.
> • Jason is _____ wiser than his friends.

① even
② better
③ more
④ much
⑤ best

10

> • The _____ you read, the smarter you become.
> • The department store was _____ crowded than it was last week.

① most
② better
③ more
④ less
⑤ little

[11-13] 다음 문장에서 <u>틀린</u> 부분을 찾아 바르게 고치시오.

11 The noise got the louder and louder.
(   ) → (   )

12 Which do you like most, milk or juice?
(   ) → (   )

13 China is three times as larger as India.
(   ) → (   )

서술형 NEW 내신 기출

14 우리말과 뜻이 같도록 주어진 철자로 시작하여 문장을 완성하시오.

사람들은 한국어가 배우기에 가장 어려운 언어들 중 하나라고 말한다.

→ People say that K_____ i_____ o_____
o_____ t_____ m_____ d_____
l_____ t_____ l_____.

서술형

15 세 도시의 기온을 나타낸 다음 표를 보고 대화를 완성하시오.

Sydney	New York	Seoul
20 °C	10 °C	10 °C

A: Which city is warmer, Sydney or New York?
B: Sydney is (1) _____ _____ New York.
A: Is Seoul colder than New York?
B: No, it isn't. Seoul is (2) _____ _____ New York.

NEW 내신 기출

16 다음 우리말을 영어로 바르게 옮긴 것을 모두 고르면?

> 첫 번째 연못은 두 번째 연못보다 네 배 더 깊다.

① The first pond is four times as deep as the second one.
② The first pond is four times as deeper as the second one.
③ The first pond is four times deeper than the second one.
④ The first pond is four times more deep than the second one.
⑤ The first pond is four times the deepest than the second one.

17 다음 그림을 보고 주어진 말을 사용하여 문장을 완성하시오.

1) Tom is _____ _____ of the boys. (slow)
2) Jack runs _____ _____ Bill. (fast)
3) Bill is _____ _____ _____ Nate. (fast)

[18-19] 다음 중 어법상 **틀린** 것을 고르시오.

18 ① He is as tall as my teacher.
   ② This bag is cheaper than that one.
   ③ Becky and Joe are getting closer and closer.
   ④ Cathy is the most talented dancer of all.
   ⑤ Evan is one of funniest boys in my class.

19 ① Her room is a lot smaller than Ian's.
   ② Today is the busiest day of the month.
   ③ Which looks nicer, curly hair or straight hair?
   ④ The building is twice as tall as my house.
   ⑤ The older she got, the most she looked like her mother.

[20-23] 우리말과 뜻이 같도록 주어진 말을 사용하여 문장을 완성하시오.

20 그 아기는 점점 더 크게 자라고 있다. (big)
   → The baby is growing _____ _____ _____ .

21 우리가 더 많이 운동하면 할수록 우리는 더 건강해진다. (exercise, healthy)
   → _____ _____ _____ _____ , _____ _____ we become.

22 Anthony는 그의 팀에서 가장 놀라운 선수들 중 한 명이다. (amazing, player)
   → Anthony is _____ _____ _____ _____ _____ _____ on his team.

23 Robin은 방금 그 프로젝트를 끝내서 평소만큼 바쁘지는 않다. (busy)
   → Robin just finished the project, so he is _____ _____ _____ _____ usual.

CHAPTER

10

접속사

when, as, while, after, before, until[till]

A

시간을 나타내는 접속사

1 when: '…할 때'

When Sam talks about his favorite singer, he can't stop smiling.

She likes to eat potato chips **when** she watches TV.

2 as: '…하면서', '(동시에) …할 때'

The thief dropped the stolen purse **as** he ran away.

As Clark was getting on the bus, he saw his homeroom teacher.

3 while: '…하는 동안에'

While my mom was away, my grandmother took care of me.

We discovered the beach **while** we were sailing around the island.

4 after: '…한 후에' / before: '…하기 전에'

After the party was over, Clara helped me clean up.

Remember to brush your teeth **before** you go to bed.

5 until[till]: '…할 때까지'

I waited for Alex **until[till]** he came back.

Norah lived in London **until[till]** she was eight.

> **Tip 주의!** 시간을 나타내는 부사절에서는 미래를 나타내더라도 미래시제 대신 현재시제를 쓴다.
> I will go directly home *after* the movie **is** over.
> (← I will go directly home *after* the movie **will be** over.)

SPEED CHECK

빈칸에 알맞은 말을 고르시오.

1 Don't take a break until you _____ reading this chapter.

① finish　　　② finishes　　　③ will finish　　　④ finished　　　⑤ to finish

2 Always wash your hands _____ you eat something.

① so　　　② while　　　③ before　　　④ but　　　⑤ until

PRACTICE TEST

정답 및 해설 p.25

A

(   ) 안에서 알맞은 말을 고르시오.

1 Write down the email address (before / after) you forget it.
2 I will not give up (until / while) I achieve my goal.
3 (After / While) Lily went home, I found her hat on the table.
4 (As / Until) Betty bought a train ticket, Carl walked over to her.
5 Mia will learn to drive after she (graduates / will graduate) from college.

A
write down
적어 놓다, 기록하다
email address 이메일 주소
give up 포기하다
achieve [동] 이루다, 성취하다
walk over to
…에(게) 걸어가다[다가가다]
graduate from
…을 졸업하다

B

보기에서 알맞은 말을 골라 빈칸에 쓰시오. (단, 한 번씩만 쓸 것)

보기	until	before	after	when

1 Emma will be at the airport _______ Sam returns to Chicago.
2 The dogs should be vaccinated _______ it is too late.
3 _______ I finished my English report, I emailed it to my teacher.
4 We won't start the meeting _______ the manager arrives.

B
airport [명] 공항
return [동] 돌아오다
vaccinate [동] (…에게)
예방 주사를 맞히다
report [명] 보도; *보고서
manager [명] 경영자, 관리자

C

우리말과 뜻이 같도록 주어진 말을 사용하여 문장을 완성하시오.

1 내가 피아노를 치고 있는 동안에 그는 잠이 들었다. (play the piano)
_______ _______ _______ _______ _______ _______, he fell asleep.

2 그 설탕이 녹을 때까지 계속 저어라. (the sugar, melt)
Keep stirring _______ _______ _______ _______.

3 겨울이 오기 전에 너는 두꺼운 코트를 하나 사야 한다. (the winter, come)
_______ _______ _______ _______, you have to buy a thick coat.

4 그가 그림 대회에서 우승했을 때 Ryan은 단지 아홉 살이었다.
(win, the drawing contest)
Ryan was only nine _______ _______ _______ _______ _______ _______.

5 너는 그 콘서트가 시작한 후에는 그 홀에 들어갈 수 없다. (the concert, start)
You can't enter the hall _______ _______ _______ _______.

C
melt [동] 녹다
stir [동] 젓다
win [동] …에서 우승[승리]하다
(won-won)
enter [동] 들어가다, 입장하다
hall [명] (회의·식사·콘서트 등을 위한) 큰 방이나 건물

because, as, since, so, so ... that

A 이유를 나타내는 접속사: '… 때문에'

1 because

We know each other **because** we went to the same school.

Because I loved being there, I visited Saipan again.

 Grammar UP because와 because of

- 「because+주어+동사」

  I missed the train **because** *the traffic was heavy.*

- 「because of+(동)명사(구)」

  I missed the train **because of** *the heavy traffic.*

2 as

As the documentary was boring, Jay stopped watching it.

As Lauren caught a cold, we couldn't go on a picnic.

3 since

I was worried about you, **since** you didn't answer the phone all day.

I decided to read a book, **since** I had no special plans.

B 결과를 나타내는 접속사

1 so: '그래서'

Tom was hungry, **so** he ate a sandwich a few minutes ago.

Julia was tired, **so** she stayed in bed until 10 a.m.

2 「so+형용사/부사+that」: '매우 …해서 ~하다'

The novel was **so** impressive **that** I read it twice.

His girlfriend smiled at him **so** brightly **that** he felt better.

SPEED CHECK

빈칸에 알맞은 말을 고르시오.

1 _____ I was late for school again, my homeroom teacher gave me extra homework.

① So   ② That   ③ As   ④ Until   ⑤ And

2 My air conditioner stopped working, _____ I called the service center.

① or   ② so   ③ that   ④ but   ⑤ because

PRACTICE TEST

정답 및 해설 p.25

A ( ) 안에서 알맞은 말을 고르시오.

1 Serena can't go to the gym (because / because of) she broke her leg.
2 Anyone can answer the question, (since / that) it is easy.
3 My wife was very busy, (so / because) she forgot our wedding anniversary.
4 The room was (so / such) dark that we couldn't see anything.
5 (As / So) the music is loud here, I can't hear you.

A
gym [명] 체육관
wedding anniversary 결혼기념일

B 주어진 두 문장이 인과 관계가 되도록 한 문장으로 만드시오.

1 I'll do anything for my daughter. I love her very much.
→ I'll do anything for my daughter, _______ I love her very much.
→ I love my daughter _______ much _______ I'll do anything for her.

2 Alex was very lazy. He got fired from the company.
→ Alex was very lazy, _______ he got fired from the company.
→ Alex was _______ lazy _______ he got fired from the company.

B
get fired 해고되다

C 우리말과 뜻이 같도록 주어진 말을 사용하여 문장을 완성하시오.

1 나는 치통이 심하기 때문에 음식을 잘 씹을 수 없다. (a bad toothache)
I can't chew my food well _______ _______ _______ _______ _______.

2 나는 그녀를 몰랐기 때문에 그녀에게 먼저 말을 걸지 않았다. (know)
_______ _______ _______ _______ _______, I didn't speak to her first.

3 Ethan은 매우 친절해서 모든 사람들이 그를 좋아한다. (kind)
Ethan is _______ _______ _______ everyone likes him.

4 나의 알람 시계가 울리지 않아서 나는 일찍 일어날 수 없었다. (wake up)
My alarm clock didn't go off, _______ _______ _______ _______ _______ early.

C
bad [형] 나쁜; *심한
toothache [명] 치통
chew [동] (음식을) 씹다
speak to …에게 말을 걸다
go off (알람 시계가) 울리다

if, unless, although[though], that

A

조건을 나타내는 접속사

1 if: '만약 …라면'

If you want to be a successful singer, practice singing a lot.

If I send the package now, he will get it tomorrow.

You will save some time **if** you go by subway.

2 unless: '…하지 않으면' (= if … not)

Unless you get up now, you will miss your flight.

(→ **If** you **don't** get up now, ….)

Unless you apologize to her, she won't see you again.

(→ **If** you **don't** apologize to her, ….)

> **Tip 주의!** 조건을 나타내는 부사절에서는 미래를 나타내더라도 미래시제 대신 현재시제를 쓴다.
>
> We will go to his party *if* he **invites** us.
>
> (← ~~We will go to his party~~ *if* he **~~will invite~~** ~~us.~~)

B

양보를 나타내는 접속사 **although[though]**: '비록 …지만'

Although[Though] they aren't rich, they help homeless people.

Although[Though] Sally is only eight years old, she knows a lot about history.

C

명사절을 이끄는 접속사 **that**: '…하는 것'

It is fortunate **that** I live in this country. (가주어 it, 진주어 that절)

I think **that** you are a genius. (목적어)

The most important thing is **that** I believe in myself. (보어)

SPEED CHECK

빈칸에 알맞은 말을 고르시오.

1 If I _____ Susan this weekend, I'll give her notebook back to her.

① will meet　　② met　　③ meet　　④ have met　　⑤ am meeting

2 _____ you work harder, you won't get better at your job.

① Unless　　② If　　③ Because　　④ Since　　⑤ As

3 _____ the heater was on, it was still cold.

① So　　② Since　　③ Though　　④ Unless　　⑤ If

PRACTICE TEST

A if, unless, although, that 중 알맞은 것을 빈칸에 쓰시오.

1 _____ it snowed heavily, we climbed the mountain.

2 _____ you exercise regularly, you will be healthy.

3 _____ you have a membership card, you can't borrow this book.

4 It was lucky _____ we arrived in time.

A
heavily (부) 심하게
regularly (부) 규칙적으로,
　　　　　　정기적으로
membership card
회원증

B 두 문장의 뜻이 같도록 문장을 완성하시오.

1 If you don't stop honking, I will call the police.

→ _____ you _____ honking, I will call the police.

2 Unless you tell him the truth, he will be really upset.

→ He will be really upset _____ you _____ _____ him the truth.

B
honk (동) 경적을 울리다
upset (형) 속상한, 마음이
　　　　상한

C 다음 문장에서 <u>틀린</u> 부분을 찾아 바르게 고치시오.

1 Unless I am not busy, I will cook dinner for you.

2 If Jessica will miss the last subway, she'll take a taxi.

3 If Joe apologized, I can't forgive him.

4 I heard unless she left the town this morning.

C
apologize (동) 사과하다
forgive (동) 용서하다

D 우리말과 뜻이 같도록 접속사와 주어진 말을 사용하여 문장을 완성하시오.

1 비록 그녀는 어리지만 그녀는 매우 현명하다. (young)

_____ _____ _____ _____, she is very wise.

2 영수증이 없으면 너는 환불을 받을 수 없다. (have a receipt)

You can't get a refund _____ _____ _____ _____ _____.

3 네가 피곤하다면 너는 잠시 쉬어도 된다. (tired)

_____ _____ _____ _____, you may rest for a while.

4 네가 예약하지 않는다면 너는 자리를 얻을 수 없을 것이다. (make a reservation)

_____ _____ _____ _____ _____, you won't get a table.

D
wise (형) 현명한
receipt (명) 영수증
get a refund 환불받다
rest (동) 쉬다
for a while 잠시 (동안)
make a reservation
예약하다

명령문＋and/or, 짝으로 이루어진 접속사

A

『명령문＋and/or』

1 『명령문＋and ~』: '…해라, 그러면 ~할 것이다' (＝『If ..., 주어＋will ~.』)

Be honest with your parents, **and** they will trust you.

(→ **If** you are honest with your parents, **they will** trust you.)

2 『명령문＋or ~』: '…해라, 그렇지 않으면 ~할 것이다' (＝『If ... not/Unless, 주어＋will ~.』)

Hand in your essay on time, **or** you will get zero points.

(→ **If** you don't hand in your essay on time, **you will** get zero points.)

(→ **Unless** you hand in your essay on time, **you will** get zero points.)

B

짝으로 이루어진 접속사

1 both A and B: 'A와 B 둘 다'

Both Violet **and** Kevin are popular with their classmates.

2 either A or B: 'A와 B 중 하나'

Either you **or** your brother has to clean up the living room.

3 neither A nor B: 'A도 B도 아닌'

My grandmother could **neither** read **nor** write French.

4 not only A but also B: 'A뿐만 아니라 B도' (≒ B as well as A)

The book was **not only** interesting **but also** educational.

(→ The book was educational **as well as** interesting.)

SPEED CHECK

빈칸에 알맞은 말을 고르시오.

1 Turn right at the corner, _____ you'll see the gas station.

① and ② or ③ if ④ unless ⑤ so

2 Drink some water now, _____ you will be thirsty.

① and ② or ③ nor ④ for ⑤ so

3 I think Eric is neither nice _____ diligent.

① and ② or ③ nor ④ but ⑤ so

PRACTICE TEST

정답 및 해설 p.27

A ( ) 안에서 알맞은 말을 고르시오.

1 Don't open the box, (and / or) you will be in danger.
2 Either Dan (or / nor) Paul will go to the art exhibition with me.
3 Tell her right now, (and / or) she will help you with your project.
4 (Both / Either) Sally and I enjoyed swimming in the river.

A
in danger 위험에 직면해서
exhibition [명] 전람회, 전시회

B 두 문장의 뜻이 같도록 문장을 완성하시오.

1 If you change your blouse, you will look better.
→ Change your blouse, ______ you will look better.

2 Wear a life vest, or you may drown.
→ ______ you ______ wear a life vest, you may drown.
→ ______ you wear a life vest, you may drown.

3 My hamburger was cheap as well as delicious.
→ My hamburger was ______ ______ delicious ______ ______ cheap.

4 Bill likes to go bowling. And I like to go bowling, too.
→ ______ Bill ______ I like to go bowling.

B
change [동] 변하다; *(옷을) 갈아입다
life vest 구명조끼
drown [동] 익사하다
go bowling 볼링을 치러 가다

C 우리말과 뜻이 같도록 주어진 말을 사용하여 문장을 완성하시오.

1 조심해, 그렇지 않으면 너는 다칠지도 몰라. (careful)
______ ______, ______ you might get hurt.

2 너는 쌀국수와 파스타 중 하나를 주문할 수 있다. (the rice noodles, the pasta)
You can order ______ ______ ______ ______ ______ ______ ______.

3 이 빨간색 버튼을 눌러라, 그러면 그 문이 열릴 것이다. (push, button)
______ ______ ______ ______, ______ the door will open.

4 그녀의 목걸이는 화장실 안에도 그녀의 방 안에도 없었다. (the restroom)
Her necklace was ______ ______ ______ ______ ______ ______ ______ ______.

C
order [동] 명령하다; *주문하다
push [동] (스위치 등을) 누르다
restroom [명] 화장실

REVIEW TEST

[01-02] 다음 빈칸에 들어갈 수 있는 말을 고르시오.

01

> We really enjoyed the festival, _____ the weather was so bad.

① if　　　　　　② that
③ until　　　　　④ because
⑤ although

02

> _____ you start swimming, you should do warm-up exercises.

① So　　　　　　② While
③ Before　　　　④ After
⑤ Though

서술형

03 우리말과 뜻이 같도록 문장을 완성하시오.

비옷을 입지 않으면 너는 젖을 것이다.

→ _____ you put on your raincoat, you will get wet.

서술형

[04-05] 다음 문장에서 틀린 부분을 찾아 바르게 고치시오.

04 The horror movie was very scary that I couldn't sleep.

(　　　　　) → (　　　　　)

05 Roy couldn't call Tiffany because of he didn't know her phone number.

(　　　　　) → (　　　　　)

NEW 내신 기출

06 주어진 말을 어법에 맞게 배열할 때 네 번째 오는 것은?

> (bored, the, is, I, feel, that, often, problem).

① is　　　　　　② that
③ feel　　　　　④ often
⑤ problem

07 두 문장을 한 문장으로 만들 때 빈칸에 들어갈 수 있는 것은?

> Chris was giving a speech. At that time, his legs were shaking a little.
> → _____ Chris was giving a speech, his legs were shaking a little.

① So　　　　　　② If
③ While　　　　④ Until
⑤ That

08 다음 빈칸에 들어갈 말을 바르게 짝지은 것은?

> ⓐ _____ I slept 10 hours last night, I'm still sleepy.
> ⓑ _____ you meet her, you will see that she is an honest person.

　　　　ⓐ　　　　　ⓑ
① Because　– As
② As　　　　– When
③ Though　– If
④ Although – Until
⑤ Until　　 – Though

09 두 문장의 뜻이 같도록 문장을 완성하시오.

Alice bought a hat as well as a handbag.

→ Alice bought _____ _____ _____

_____ _____ _____ _____ .

[10-11] 다음 빈칸에 공통으로 들어갈 수 있는 말을 고르시오.

10

- John was _____ happy that he felt like shouting.
- I have too much work to do, _____ I can't go to Hailey's birthday party.

① and   ② that
③ so   ④ if
⑤ or

11

- Take this opportunity now, _____ you'll regret it.
- I'll visit my uncle's house either on Friday _____ on Sunday.

① or   ② and
③ so   ④ if
⑤ unless

[12-14] 보기에서 알맞은 접속사를 골라 두 문장을 한 문장으로 만드시오. (단, 한 번씩만 쓸 것)

| 보기 |
while   that   since

12 I was doing the dishes. My sister did laundry.

→ _____ I was doing the dishes, my sister did laundry.

13 We had the same interests. So we became close friends.

→ _____ we had the same interests, we became close friends.

14 He got up early today. It was strange.

→ It was strange _____ he got up early today.

15 다음 중 빈칸에 들어갈 말이 나머지와 다른 것은?

① _____ Nancy studied hard, she didn't do well in the exam.
② _____ he fell out of the tree, he broke his arms.
③ _____ she lives next door, I don't know her name.
④ _____ it was sunny, it was cold outside.
⑤ _____ Peter forgot Rachel's face, he still remembers her voice.

16 주어진 문장과 같은 뜻이 되도록 조건에 맞게 문장을 완성하시오.

Eat vegetables, or you will be weak.
→ _____
→ _____

| 조건 |
- 조건을 나타내는 접속사 2개를 각 문장에 한 번씩 쓸 것
- 조건을 나타내는 접속사가 문두에 오도록 쓸 것
- 각각 8단어, 9단어의 완전한 문장으로 쓸 것

17 다음 중 밑줄 친 부분의 뜻이 나머지와 <u>다른</u> 것은?

① I'm proud of my son, <u>as</u> he is brave.

② <u>As</u> he is friendly, many girls like him.

③ <u>As</u> this bracelet is from my mother, it is important to me.

④ <u>As</u> Eva is young, she can't ride the roller coaster.

⑤ <u>As</u> Danny was leaving the office in a hurry, somebody called his name.

18 다음 밑줄 친 부분 중 자연스럽지 <u>않은</u> 것은?

① Mr. Kim's lecture was boring, <u>so</u> I was disappointed.

② <u>Since</u> I was exhausted, I didn't go to the gym.

③ <u>Before</u> you go to bed, turn the TV off.

④ <u>Although</u> it rained, the tennis match was canceled.

⑤ Be quiet, <u>or</u> you'll have to leave.

서술형
19 다음 표를 보고 빈칸에 알맞은 말을 쓰시오.

Recording Studio Schedule

Room No.	Name	Hours of Use
1	Beyoncé	1 p.m. – 5 p.m.
1	Jeff	5 p.m. – 8 p.m.
2	Anna	5 p.m. – 7 p.m.

1) _____ Beyoncé records her songs, Jeff will use the recording room.

2) Between 6 and 7 p.m., _____ Jeff _____ Anna will use the recording rooms.

고난도
[20-21] 다음 중 어법상 틀린 것을 모두 고르시오.

20 ① Both Carl and I are interested in art.

② I knew that you lied to me.

③ I won't go to bed until my daughter will come home.

④ Unless you travel abroad, you need a passport.

⑤ As I lost my book, I can't lend it to you.

21 ① I saw Kevin when I was in the store.

② Since she was busy, she skipped lunch.

③ Neither you nor I can't go to the party.

④ Don't use his laptop until he says it's okay.

⑤ Tom ate so much as he got a stomachache.

서술형
[22-23] 우리말과 뜻이 같도록 주어진 말을 사용하여 문장을 완성하시오.

22 이 기사를 읽어라, 그러면 너는 그 상황을 더 잘 이해할 것이다. (article)

_____ _____ _____, _____ you will understand the situation better.

23 눈보라 때문에 내 비행편이 지연되었다. (the snowstorm)
My flight was delayed _____ _____ _____ _____.

CHAPTER

11

관계사

UNIT 1 관계대명사의 용법

A

관계대명사: 『접속사+대명사』의 역할을 하며, 형용사처럼 앞의 명사(선행사)를 수식한다.

I know **a boy**. + **He** is interested in art. (a boy = He)

→ I know *a boy* <u>who is interested in art.</u>
선행사

관계대명사의 격 선행사	주격	소유격	목적격
사람	who	whose	who(m)
동물, 사물	which	whose	which

> **Tip 주의!** 관계대명사 who, whom, which는 관계대명사 that으로 바꿔 쓸 수 있다.

1 주격 관계대명사: 관계대명사가 관계사절 내에서 주어 역할을 한다.

I found *a grocery store* **which** has fresh vegetables.

(← I found *a grocery store*. + *It* has fresh vegetables.)

2 소유격 관계대명사: 관계대명사가 관계사절 내에서 수식하는 명사의 소유격 역할을 한다.

John met *a woman* **whose** job is teaching mathematics.

(← John met *a woman*. + *Her* job is teaching mathematics.)

3 목적격 관계대명사: 관계대명사가 관계사절 내에서 목적어 역할을 한다.

We remember *the actor* **who**(m) we saw near the bench in the park.

(← We remember *the actor*. + We saw *him* near the bench in the park.)

The person **who**(m) Ian was waiting for didn't come.

(← Ian was waiting for *the person*. + *He/She* didn't come.)

✓ Grammar UP 의문사 who와 관계대명사 who

• 의문사 who 앞에는 선행사가 없고 '누가'라고 해석한다.

 I know **who** can speak English well. (의문사 who)

• 관계대명사 who는 앞의 선행사를 수식하는 형용사절을 이끈다.

 I know a man **who** can speak English well. (관계대명사 who)

 SPEED CHECK

빈칸에 알맞은 말을 고르시오.

1 I have an aunt _____ lives in the Philippines.

① who ② whom ③ whose ④ which ⑤ what

2 She is the woman _____ hair is blond.

① who ② whom ③ whose ④ which ⑤ what

PRACTICE TEST

정답 및 해설 p.28

A ( ) 안에서 알맞은 말을 고르시오.

1 I know a boy (who / whose) dream is to be a scientist.
2 The pianist (whose / whom) I like most is Chopin.
3 This is the jacket (whom / which) I bought at the shopping mall.
4 Adam is the man (who / whom) was a famous soccer player.
5 I bought a new sports car (that / whose) was very expensive.

B 알맞은 관계대명사를 사용하여 두 문장을 한 문장으로 만드시오.

1 I read a novel. It was written by my favorite writer.
→ I read a novel _______ _______ _______ by my favorite writer.

2 Mr. Jones called the woman. He met her at the airport.
→ Mr. Jones called the woman _______ _______ _______ at the airport.

3 We're looking for a man. His name is Andrew.
→ We're looking for a man _______ _______ _______ _______.

4 A woman lost 10 kg. She was on TV.
→ A woman _______ _______ _______ _______ lost 10 kg.

B
look for …을 찾다

C 우리말과 뜻이 같도록 관계대명사와 주어진 말을 사용하여 문장을 완성하시오.

1 Cathy가 사랑하는 그 남자는 키가 크다. (love)
The man _______ _______ _______ is tall.

2 Rosa는 화면이 넓은 TV 한 대를 갖고 있다. (screen)
Rosa has a TV _______ _______ is wide.

3 나는 Sara에게 귀여운 곰 인형을 하나 주었다. (cute)
I gave Sara a teddy bear _______ _______ _______.

4 그는 회의에 늦는 사람들을 좋아하지 않는다. (be late for)
He doesn't like people _______ _______ _______ _______ meetings.

C
screen [명] 화면
teddy bear (봉제) 곰 인형

관계대명사 that, what

1 관계대명사 that

1) 선행사의 종류에 관계없이 주격이나 목적격 관계대명사 대신 쓸 수 있다.

The girl dropped *the pencil* **that[which]** was on the table. (주격)

The man **that[who(m)]** Hanna is talking to is my uncle. (목적격)

2) that을 주로 쓰는 경우

• 선행사가 『사람+동물』이나 『사람+사물』일 때

The movie is about *a boy and a tiger* **that** survived on the ocean.

Joe lost *his crew and a ship* **that** were everything to him.

• 선행사가 최상급, 서수, the only, the very, the same, the last, all, no, any, some, every 등의 수식을 받을 때

Emily is *the most beautiful bride* **that** I've ever seen.

Gloria is *the only student* **that** knows all the answers.

• 선행사가 all, none, any, some, -thing일 때

Do you understand *all* **that** you read?

I will give you *anything* **that** you want.

2 관계대명사 what: '···한 것'

1) 선행사를 포함한 관계대명사로, what이 이끄는 명사절은 주어, 목적어, 보어로 쓰인다.

***What** you believe* is completely wrong. (주어)

Tell me ***what** you want* for your birthday. (목적어)

This is ***what** I sang* at the audition. (보어)

2) the thing(s) which[that]로 바꿔 쓸 수 있다.

What he found changed the world.

(= **The thing which[that]**)

SPEED CHECK

빈칸에 알맞은 말을 고르시오.

1 The dog _____ is running over there is my brother's.

① who   ② whose   ③ whom   ④ that   ⑤ what

2 Take the first bus _____ arrives.

① who   ② whose   ③ whom   ④ that   ⑤ what

3 _____ I bought yesterday was made in Japan.

① Who   ② Whose   ③ Whom   ④ That   ⑤ What

PRACTICE TEST

A ( ) 안에서 알맞은 말을 고르시오.

1 The park (that / what) is near my house is nice.
2 There is nothing (who / that) I can do right now.
3 You are the only person (whom / that) can help her.
4 (What / Which) Sam wanted was to see you again.
5 This is the prettiest dress (whose / that) I've ever seen.

B that과 what 중 알맞은 것을 빈칸에 쓰시오.

B
own ⑱ ⋯ 자신의

1 Can you repeat _____ you just said?
2 It was the first present _____ I opened.
3 The snow is _____ I like most about winter.
4 It was the last class _____ I took at school.
5 _____ he wanted was to build his own house.
6 Do you have anything _____ I can read on the plane?

C 우리말과 뜻이 같도록 관계대명사와 주어진 말을 사용하여 문장을 완성하시오.

C
put off 미루다

1 Sally가 나를 위해 만든 것은 딸기 케이크였다. (make)
   _____ _____ _____ _____ _____ was a strawberry cake.

2 그녀는 어제 내가 입은 것과 같은 치마를 입고 있다. (wear)
   She's wearing the same skirt _____ _____ _____ yesterday.

3 나는 정원에서 놀고 있던 소녀와 그녀의 고양이를 보았다. (play)
   I saw the girl and her cat _____ _____ _____ in the garden.

4 오늘 네가 할 수 있는 것을 내일까지 미루지 마라. (do)
   Don't put off until tomorrow _____ _____ _____ _____ today.

5 내가 빌릴 수 있는 따뜻한 옷이 네게 좀 있니? (borrow)
   Do you have any warm clothes _____ _____ _____ _____?

UNIT 3

관계대명사의 생략

1 **목적격 관계대명사의 생략**: 동사나 전치사의 목적어로 쓰인 관계대명사는 생략할 수 있다.

　1) 동사의 목적어

　　This is the sweater (**which**[**that**]) my grandmother *made*.

　　The professor (**who**(**m**)[**that**]) I *respect* most is passionate.

　2) 전치사의 목적어

　　This is the apartment (**which**[**that**]) he lives *in*.

> **Grammar UP** 관계대명사가 전치사의 목적어일 때
>
> **1** **전치사의 위치**: 관계사절 끝에 쓰거나 관계대명사 바로 앞에 쓴다.
>
> **2** **「전치사+관계대명사」일 때**: that이나 who를 쓸 수 없고, 목적격 관계대명사를 생략할 수 없다.
>
> 　This is the apartment **in which** he lives. (관계대명사 which 생략 불가)
>
> 　　　　　　　　　　　(← in ~~that~~)

2 **「주격 관계대명사+be동사」의 생략**

　The girl (**who**[**that**] **is**) leaning against the wall is my sister.

　→ The girl leaning against the wall is my sister.

> **Grammar UP** 관계대명사가 생략된 문장의 해석
>
> 문장의 주어를 꾸며주는 관계대명사가 생략되면 해석이 까다롭다.
>
> ① 문장의 동사를 찾은 후 관계사절을 포함한 주어가 어디까지인지 파악한다.
>
> ② 관계사절로 주어를 수식하여 해석한다.
>
> ③ 문장의 동사를 포함한 나머지를 해석한다.
>
> 　The girl you met is my younger sister. 네가 만난 그 소녀는 내 여동생이다.
>
> 　① 주어 = 선행사　① 동사

▶ SPEED CHECK

다음 문장에서 생략할 수 있는 말을 고르시오.

1 I read the comic book that my brother bought yesterday.
　① read　　　② the comic book　　　③ that　　　④ my brother　　　⑤ bought

2 This is the woman whom I traveled with last winter.
　① is　　　② the woman　　　③ whom　　　④ I　　　⑤ with

3 These are the blue jeans that are popular with teenagers.
　① These are　　② blue jeans　　　③ that　　　④ that are　　　⑤ popular

112

PRACTICE TEST

A 다음 문장에서 생략할 수 있는 말에 ○ 표시하시오.
(단, 생략 가능한 부분이 없으면 X 표시할 것)

1 There is one thing that a robot cannot do.

2 This is the city in which the president was born.

3 Look at the swans which are swimming in the lake.

4 She gave an opinion which he didn't agree with.

5 I have a lot of friends who like to play baseball.

B 각 문장에서 생략된 말을 쓰고, 문장을 해석하시오.

1 Is she the violinist you talked about last night?

_____

2 Who is the baby sleeping in your room?

_____

3 Tell me about the movie you watched yesterday.

_____

4 Can you read the book written in Japanese?

_____

C 우리말과 뜻이 같도록 관계대명사와 주어진 말을 사용하여 문장을 완성하시오.
(단, 생략 가능한 부분은 (　) 표시할 것)

1 Olivia는 Joel이 관심이 있는 동일한 스포츠를 좋아한다. (be interested in)
Olivia likes the same sports _____ _____ _____ _____ _____.

2 내가 병원에서 만난 그 소녀는 나의 반 친구이다. (meet)
The girl _____ _____ _____ in the hospital is my classmate.

3 그 의자 위에 앉아 있는 그 검은 고양이는 귀엽다. (sit)
The black cat _____ _____ _____ on the chair is cute.

A
swan 몡 백조
opinion 몡 견해, 의견
agree with …에 동의하다

B
violinist
몡 바이올린 연주자

관계부사

관계부사: 『접속사＋부사(구)』의 역할을 하며, 형용사처럼 앞의 명사(선행사)를 수식한다.

I remember **the day**. ＋ I first met Jake **then**.

→ I remember *the day* **when** I first met Jake.

선행사

 Grammar UP 관계부사는 『전치사＋관계대명사』로 바꿔 쓸 수 있다.

• when: at[on/in/during] which   • where: at[on/in/to] which
• why: for which   • how: the way (in which) (보통 the way만 씀)

Do you know *the reason* **why** Jessie is angry?

(= **for which**)

1   when: 시간을 나타내는 명사(the day, the time, the year 등)를 선행사로 한다.

June 5 is *the day* **when** Sue arrived in New York.

(= on which)

(← June 5 is *the day*. ＋ Sue arrived in New York *on that day*.)

2   where: 장소를 나타내는 명사(the place, the town, the city 등)를 선행사로 한다.

Is this *the town* **where** you grew up?

(= in which)

(← Is this *the town*? ＋ You grew up *in the town*.)

3   why: 이유를 나타내는 명사(the reason)를 선행사로 한다.

I don't know *the reason* **why** she shouted at me.

(= for which)

(← I don't know *the reason*. ＋ She shouted at me *for that reason*.)

4   how: 방법을 나타내는 명사(the way)를 선행사로 한다. 단, 선행사 the way와 관계부사 how는 함께 쓰지 않고 둘 중 하나만 사용한다.

This is **how** my friend trains his dog. (← ~~This is **the way how** my friend trains his dog.~~)

(= the way)

(← This is *the way*. ＋ My friend trains his dog *in the way*.)

SPEED CHECK

빈칸에 알맞은 말을 고르시오.

1   That's the reason _____ I didn't go there with Liam.

① when   ② where   ③ why   ④ how   ⑤ what

2   The wedding hall on the corner is the place _____ my parents got married.

① when   ② where   ③ why   ④ how   ⑤ what

PRACTICE TEST

정답 및 해설 p.30

A ( ) 안에서 알맞은 말을 고르시오.

1 This is a space (when / where) only pregnant women can park.
2 Tell me the reason (why / how) he was absent from school.
3 I'll never forget the day (where / when) he proposed to me.
4 I learned (the way how / the way) people greet each other in India.

B 두 문장의 뜻이 같도록 빈칸에 알맞은 관계부사를 쓰시오.

1 May 14 is the day on which the Rose Festival starts.
  → May 14 is the day _____ the Rose Festival starts.

2 Do you know the reason for which she decided to live alone?
  → Do you know the reason _____ she decided to live alone?

3 Show me the way you turned the light on.
  → Show me _____ you turned the light on.

4 She will drop by the bakery in which Max works.
  → She will drop by the bakery _____ Max works.

C 우리말과 뜻이 같도록 관계부사와 주어진 말을 사용하여 문장을 완성하시오.

1 나는 우리가 단짝 친구였던 때를 가끔 그리워한다. (the time, be)
  I sometimes miss _____ _____ _____ _____ _____ best friends.

2 이것이 그가 그의 취업 면접을 준비한 방법이다. (prepare for)
  This is _____ _____ _____ _____ _____ his job interview.

3 내가 이 바지를 구입한 쇼핑몰은 혼잡했다. (the mall, buy)
  _____ _____ _____ _____ _____ these pants was crowded.

4 내 사촌은 마침내 그가 속상했던 이유를 나에게 말했다. (get)
  My cousin finally told me _____ _____ _____ _____ _____ upset.

A
space 몡 공간
pregnant 휑 임신한
park 통 주차하다
be absent from
…에 결석하다
propose 통 제안하다;
       *청혼하다
greet 통 인사하다

B
drop by …에 들르다

C
sometimes 튄 가끔, 때때로
miss 통 놓치다; *그리워하다
prepare for …을 준비하다
job interview 취업 면접
finally 튄 마침내

REVIEW TEST

[01-02] 다음 빈칸에 들어갈 수 있는 말을 고르시오.

01

> I know the kids _____ are jumping up and down.

① who ② whom
③ what ④ whose
⑤ which

02

> I forgot the title of the book _____ I read last month.

① who ② whom
③ that ④ where
⑤ why

NEW 내신기출

03 다음 빈칸에 공통으로 생략된 말로 알맞은 것은?

> • The bus _____ my son had to get on passed by him.
> • Is this the album _____ your friend bought for you?
> • The gentleman _____ we saw at the mall was my teacher.

① who ② whom
③ that ④ what
⑤ which

서술형

[04-05] 다음 문장에서 틀린 부분을 찾아 바르게 고치시오.

04 Sally is satisfied with which she has.

(   ) → (   )

05 Peter explained the way how he solved the puzzle so fast.

(   ) → (   )

서술형

[06-07] 다음 대화의 빈칸에 알맞은 관계부사를 쓰시오

06 A: Please tell me the name of the hotel _____ we'll stay in Chicago.
B: It's called the Hard Rock Hotel.

07 A: Do you know the reason _____ Jenny decided to take a ballet class?
B: Because she wants to be flexible.

[08-09] 다음 빈칸에 들어갈 말을 바르게 짝지은 것을 고르시오.

08

> ⓐ I will try _____ you recommended.
> ⓑ Claire showed me _____ she makes sweet potato pizza.

	ⓐ	ⓑ		ⓐ	ⓑ
①	that	– how	②	what	– the way
③	what	– which	④	how	– that
⑤	which	– how			

09

> ⓐ Now is the time _____ I have to make up my mind.
> ⓑ Kelly would like to make a film _____ many people want to watch.

	ⓐ	ⓑ		ⓐ	ⓑ
①	which	– that	②	when	– what
③	which	– which	④	when	– that
⑤	how	– what			

10 다음 밑줄 친 부분 중 생략할 수 <u>없는</u> 것은?

① Stella wants a hobby <u>that</u> she can enjoy.

② The monkey <u>which is</u> eating bananas looks happy.

③ The leather sofa <u>which</u> Mike sat on is comfortable.

④ Anderson is a student <u>who</u> has strong leadership skills.

⑤ I know the boy <u>whom</u> Sandra went to the concert with.

서술형

[11-12] 다음 그림을 보고 알맞은 관계사와 주어진 말을 사용하여 문장을 완성하시오.

11

The man _____ _____ _____ _____ in the kitchen is my father. (make soup)

12

This is the court _____ _____ _____

_____ with her sister. (Sonia, play tennis)

---

13 다음 빈칸에 공통으로 들어갈 수 있는 것은?

- They saw a house _____ roof is painted purple.
- Mr. Brown wants to help the girl _____ parents died.

① whom   ② that

③ what   ④ whose

⑤ which

서술형

[14-15] 알맞은 관계사를 사용하여 두 문장을 한 문장으로 만드시오.

14 • 2022 was the year.

• I graduated from university then.

→ _____

_____

15 • He is the well-known photographer.

• I interviewed him last week.

→ _____

_____

---

16 다음 밑줄 친 that의 쓰임이 보기와 같은 것은?

| 보기 |

Tory is a character <u>that</u> many children like.

① I think <u>that</u> is a good idea.

② What is <u>that</u> small insect on that leaf?

③ Are you sure <u>that</u> you can finish your homework?

④ Give me the magazine <u>that</u> you read.

⑤ He thought <u>that</u> last winter was fun.

17 다음 빈칸에 들어갈 말이 나머지와 <u>다른</u> 것은?

① This steak is not _____ I ordered.

② That's exactly _____ I meant to say.

③ This is _____ Mia decorates her room.

④ Hans couldn't believe _____ they said about Kelly.

⑤ _____ I want to drink now is something very cold.

18 다음 밑줄 친 <u>who</u>의 쓰임이 나머지와 <u>다른</u> 것은?

① I met a lady <u>who</u> is from Turkey.

② I don't know <u>who</u> wrote this poem.

③ Look at the boys <u>who</u> are playing baseball.

④ Michael has a friend <u>who</u> is humorous.

⑤ The woman <u>who</u> is acting on the stage is Jessica.

[19-20] 다음 중 어법상 <u>틀린</u> 것을 모두 고르시오.

19 ① The play you told me about was nice.

② Exercising is the first thing what I did.

③ This is the place in that Sarah was born.

④ Chris gave me a shirt whose sleeves are too long.

⑤ Lily couldn't understand the reason why she failed the exam.

20 ① This is a game that rules are simple.

② Julie has no one which she can rely on.

③ Linda is the only person that knows the truth.

④ Is this the remote control you were looking for?

⑤ Please tell me about the place in which you live.

[21-23] 우리말과 뜻이 같도록 알맞은 관계사와 주어진 말을 사용하여 문장을 완성하시오.

21 네가 주머니에 갖고 있는 것을 그녀에게 보여 줘. (have)

→ Show her _____ _____ _____ in your pocket.

22 저기에서 뛰고 있는 그 소년과 개를 봐라. (run)

→ Look at the boy and the dog _____ _____ _____ there.

23 오늘은 내가 그 수리점에 가야 하는 날이다.

(the day, have to)

→ Today is _____ _____ _____ _____ _____ _____ _____ to the repair shop.

24 주어진 말을 바르게 배열하여 문장을 완성하고 해석하시오.

> A: (left, know, Tom, for which, his hometown, you, do, the reason)?
>
> B: Well, he wanted to work in a company in the big city.

→ _____

→ _____

CHAPTER

12

가정법

가정법 과거, 가정법 과거완료

1 **가정법 과거**: 현재 사실과 반대되거나 현재 또는 미래에 실현 가능성이 거의 없는 일을 가정할 때 쓴다.
- 형태: 『If+주어+were/동사의 과거형, 주어+would[could/might]+동사원형』
- 의미: '만약 …라면 ~할 텐데'

If I **had** two sandwiches, I **could give** you one.

(→ Because I don't have two sandwiches, I can't give you one.)

If I **were** older, I **could get** a credit card.

(→ Because I am not older, I can't get a credit card.)

Tip 주의! 가정법 과거에서 if절의 be동사는 주어의 인칭과 수에 관계없이 were를 쓰는 것이 원칙이다.

2 **가정법 과거완료**: 과거 사실과 반대되는 상황을 가정할 때 쓴다.
- 형태: 『If+주어+had v-ed, 주어+would[could/might] have v-ed』
- 의미: '만약 …했더라면 ~했을 텐데'

If the movie **hadn't been** boring, I **wouldn't have left** the theater.

(→ Because the movie was boring, I left the theater.)

If I **had had** a smartphone, I **could have found** the way to the party.

(→ Because I didn't have a smartphone, I couldn't find the way to the party.)

✓ Grammar UP 단순 조건문과 가정법 과거
- 단순 조건문(직설법): 실제로 발생 가능한 일을 가정한다.

  If Lucy **is** home, I **will visit** her. (Lucy가 집에 있을 가능성이 있음)
- 가정법 과거: 실현 가능성이 거의 없는 일을 가정한다.

  If Lucy **were** home, I **would visit** her. (Lucy가 집에 있을 가능성이 거의 없음)

SPEED CHECK

빈칸에 알맞은 말을 고르시오.

1 If I _____ slimmer, I could be a model.
   ① be   ② am   ③ are   ④ were   ⑤ have been

2 If I _____ home, I would have watched the TV show.
   ① am   ② was   ③ were   ④ have been   ⑤ had been

3 If she hadn't broken her leg, she _____ a bike.
   ① rides   ② rode   ③ has ridden
   ④ had ride   ⑤ would have ridden

PRACTICE TEST

정답 및 해설 p.32

A ( ) 안에서 알맞은 말을 고르시오.

1 If he (has / had) more free time, he would learn a foreign language.

2 What (would / do) you do if you were in her position?

3 If I (have done / had done) my homework last night, I wouldn't have been busy this morning.

B 다음 문장을 가정법 문장으로 바꿔 쓰시오.

1 It is raining, so I can't play soccer.

→ If it _____ _____ raining, I _____ _____ soccer.

2 As she lied to me, I didn't trust her.

→ If she _____ _____ _____ to me, I _____ _____ _____ her.

3 As we didn't book the hotel earlier, we couldn't get a better room.

→ If we _____ _____ the hotel earlier, we _____ _____ _____ a better room.

C 다음 가정법 문장에서 밑줄 친 부분을 바르게 고치시오.

1 If I didn't live with my brother, I will be lonely.

2 If I hadn't had coffee last night, I could sleep well.

3 If she is wise, she would not miss the chance.

4 If he wore his seat belt, he wouldn't have been injured so badly.

D 우리말과 뜻이 같도록 주어진 말을 사용하여 문장을 완성하시오.

1 만약 내가 너라면, 나는 그의 초대를 받아들일 텐데. (accept)

If _____ _____ _____, _____ _____ _____ his invitation.

2 만약 그가 더 부지런했더라면, 그는 첫 기차를 놓치지 않았을 텐데. (miss)

If _____ _____ _____ more diligent, he _____ _____ _____ the first train.

3 만약 내가 GPS를 사용했더라면, 나는 더 일찍 도착할 수 있었을 텐데. (use, arrive)

_____ _____ _____ _____ GPS, I _____ _____ _____ earlier.

I wish+가정법, as if+가정법

A

I wish+가정법

1 『I wish+가정법 과거』: 현재 또는 미래의 이룰 수 없거나 실현 가능성이 거의 없는 소망을 표현한다.
- 형태: 『I wish (that)+주어+were/동사의 과거형』
- 의미: '…라면 좋을 텐데'

I wish I **were** a better player. (→ I'm sorry I am not a better player.)

2 『I wish+가정법 과거완료』: 이루지 못한 과거의 소망이나 과거 사실과 반대되는 소망을 표현한다.
- 형태: 『I wish (that)+주어+had v-ed』
- 의미: '…했더라면 좋을 텐데'

I wish I **hadn't lost** my smartwatch. (→ I'm sorry I lost my smartwatch.)

B

as if[though]+가정법

1 『as if[though]+가정법 과거』: 현재 사실과 반대되는 내용을 가정한다.
- 형태: 『as if[though]+주어+were/동사의 과거형』
- 의미: '마치 …인 것처럼'

He acts **as if** he **were** happy. (→ In fact, he is not happy.)
She speaks **as if** she **didn't care** about other people.
(→ In fact, she cares about other people.)

2 『as if[though]+가정법 과거완료』: 과거 사실과 반대되는 내용을 가정한다.
- 형태: 『as if[though]+주어+had v-ed』
- 의미: '마치 …였던 것처럼'

She speaks **as if** she **had read** the book. (→ In fact, she didn't read the book.)
He acts **as if** he **hadn't left** mean comments on the Internet.
(→ In fact, he left mean comments on the Internet.)

 Grammar UP 『as if+직설법』과 『as if+가정법』
- 『as if+직설법』: 가정의 의미가 없으므로 사실일 수도 있을 때 쓴다.
   He speaks **as if** he **knows** the story. (실제로 그 이야기를 아는지 알 수 없음)
- 『as if+가정법』: 사실이 아닐 때 쓴다.
   He speaks **as if** he **knew** the story. (실제로는 그 이야기를 모름)

SPEED CHECK

빈칸에 알맞은 말을 고르시오.

1 I wish I _____ the subway. The bus was too crowded.
   ① take   ② taken   ③ didn't take   ④ had taken   ⑤ hadn't taken

2 Janet talks as if she _____ my sister.
   ① be   ② am   ③ were   ④ have been   ⑤ haven't been

PRACTICE TEST

정답 및 해설 p.32

A ( ) 안에서 알맞은 말을 고르시오.

1 It's very noisy. I wish my neighbor (stop / would stop) making noise.
2 She spends money as if she (were / has been) rich.
3 I wish I (didn't shout / hadn't shouted) at Ethan last night.
4 Ted smiles as if nothing (has happened / had happened) yesterday.

A
make noise
소란을 피우다

B 우리말과 뜻이 같도록 가정법 문장을 만들 때 틀린 부분을 찾아 바르게 고치시오.

1 내 친구들은 거짓말하지 않으면 좋을 텐데.
I wish my friends don't lie.

2 Lily는 마치 그녀가 아기인 것처럼 행동한다.
Lily behaves as if she is a baby.

3 내 머리를 이렇게 짧게 자르지 않았더라면 좋을 텐데.
I wish I haven't had my hair cut so short.

4 그는 마치 그가 복권에 당첨되었던 것처럼 환호했다.
He cheered as if he won the lottery.

B
behave [동] 행동하다
cheer [동] 환호하다
lottery [명] 복권

C 우리말과 뜻이 같도록 주어진 말을 사용하여 가정법 문장을 완성하시오.

1 그가 나를 도와줄 시간이 있다면 좋을 텐데. (have)
I ______ ______ ______ time to help me.

2 Grace는 마치 그녀가 돈이 더 필요하지 않은 것처럼 행동한다. (need)
Grace acts ______ ______ ______ ______ ______ more money.

3 내가 Josh에게 그녀의 비밀을 말하지 않았더라면 좋을 텐데. (tell)
______ ______ ______ ______ ______ her secret to Josh.

4 그녀는 마치 그녀가 그녀의 일을 이미 끝냈던 것처럼 말한다. (finish)
She talks ______ ______ ______ ______ ______ her work already.

REVIEW TEST

[01-02] 다음 빈칸에 들어갈 수 있는 말을 고르시오.

01

> If she _____ here, she would have a good
> time with us.

① being   ② is   ③ were
④ has been   ⑤ have been

02

> I wish you _____ the prize yesterday.

① win   ② wins   ③ won
④ have won   ⑤ had won

03 다음 우리말을 영어로 바르게 옮긴 것은?

> 만약 그가 내 충고를 받아들이지 않았더라면, 그
> 는 성공할 수 없었을 텐데.

① If he didn't accept my advice, he couldn't
succeed.
② If he didn't accept my advice, he couldn't
have succeeded.
③ If he hadn't accepted my advice, he
couldn't succeeded.
④ If he hadn't accepted my advice, he
couldn't have succeeded.
⑤ If he hadn't been accepted my advice, he
couldn't have succeeded.

서술형

[04-05] 우리말과 뜻이 같도록 가정법 문장을 만들 때
<u>틀린</u> 부분을 찾아 바르게 고치시오.

04 그 남자는 마치 그가 백만장자인 것처럼 생활한다.

The man lives as if he is a millionaire.

(   ) → (   )

05 만약 어제가 네 생일이었던 것을 내가 알았더라면, 나는 너
에게 선물을 주었을 텐데.

If I had known that yesterday was your
birthday, I would give you a gift.

(   ) → (   )

[06-07] 두 문장의 뜻이 같도록 할 때 빈칸에 들어갈 수
있는 말을 고르시오.

06

> I'm sorry it is so cold.
> → I wish it _____ so cold.

① be   ② isn't
③ were   ④ weren't
⑤ hadn't been

07

> Kate talks as if she _____ close with the
> famous actor.
> → In fact, Kate isn't close with the famous
>   actor.

① is   ② are
③ be   ④ were
⑤ been

서술형

08 다음 메모를 보고 빈칸에 알맞은 말을 쓰시오.

> **My Wishes**
> 1) I don't have a sister, so I wish I
>   _____ one.
> 2) I'm smaller than my friends, so I wish
>   I _____ taller.

09 다음 대화의 빈칸에 공통으로 들어갈 수 있는 것은?

> • A: How do you like the food?
> B: _____ it weren't spicy, it would taste better.
>
> • A: You won first place in the speech contest. Congratulations!
> B: Thank you. I feel as _____ I were flying.

① If[if]
② Like[like]
③ That[that]
④ Though[though]
⑤ Although[although]

10 다음 밑줄 친 부분 중 어법상 틀린 것은?

> This morning I got up late, so I was late for school. ① If I ② had not ③ stayed up late last night, I ④ could ⑤ get up early.

[11-12] 다음 빈칸에 들어갈 말을 바르게 짝지은 것을 고르시오.

11

> A: Why don't you join the school band with me?
> B: I'd like to, but my guitar skills are not good enough. If I ⓐ a good guitarist like you, I ⓑ the band.

	ⓐ	ⓑ
①	am	– join
②	am	– can join
③	were	– can join
④	were	– would join
⑤	had been	– would have joined

12

> A: I was very hungry this morning.
> B: Well, if you ⓐ breakfast, you ⓑ so hungry.

	ⓐ	ⓑ
①	ate	– would be
②	didn't eat	– could be
③	didn't eat	– wouldn't be
④	had eaten	– wouldn't have been
⑤	hadn't eaten	– would have been

13 다음 중 어법상 틀린 것은?

① If I were you, I would marry her.
② I wish I could buy that stylish bag.
③ He talks as if he lived in Denmark.
④ I wish I have bought the coat yesterday.
⑤ If I had not had an important meeting, I could have attended her wedding.

[14-15] 다음 밑줄 친 부분을 보기와 같이 바꿔 쓰시오.

> ─── 보기 ───
> I can't go for a drive because my car isn't running.
> → I wish my car were running.

14 I can't vote because I'm not over 19 years old.
→ I wish _____.

15 I was disappointed because I couldn't get a flight ticket.
→ I wish _____.

16 다음 문장을 가정법 문장으로 바꿔 쓸 때 <u>틀린</u> 것은?

① I'm sorry I don't have a tablet.
  → I wish I had a tablet.
② I'm sorry I can't travel to South Africa.
  → I wish I could travel to South Africa.
③ Because I'm full, I can't eat the pie.
  → If I were not full, I could eat the pie.
④ I'm sorry it didn't snow on Christmas Day.
  → I wish it had snowed on Christmas Day.
⑤ Because I didn't finish my homework, I couldn't watch TV.
  → If I finished my homework, I could have watched TV.

서술형
[17-18] 다음 그림을 보고 주어진 말을 사용하여 문장을 완성하시오.

17

I wish _____ _____ at the beach. (be)

18

If the fine dust _____ so bad outside, I _____ _____ out. (be, go)

126

고난도

19 다음 중 어법상 옳은 것은 모두 몇 개인가?

ⓐ The man acts as if he had donated a lot of money.
ⓑ If Dan knew the truth, he will tell me.
ⓒ I wish Santa Claus were real.
ⓓ If the table is large enough, I will buy it.
ⓔ The girl never drinks coffee, but she talks as if she enjoys it for years.

① 1개 ② 2개 ③ 3개
④ 4개 ⑤ 없음

서술형

[20-21] 우리말과 뜻이 같도록 주어진 말을 사용하여 가정법 문장을 완성하시오.

20 만약 네가 길에서 지갑을 하나 발견하면 너는 어떻게 할 거니? (find, a wallet)
 → _____ _____ _____ _____ _____ in the street, what would you do?

21 Monica는 마치 그녀가 그 테니스 시합에서 졌던 것처럼 보인다. (lose)
 → Monica looks _____ _____ _____ _____ _____ the tennis match.

서술형 NEW 내신 기출

22 우리말과 뜻이 같도록 조건에 맞게 문장을 완성하시오.

만약 내가 규칙적으로 운동했더라면, 나는 체중이 늘지 않았을 텐데.
→ _____

─── 조건 ───
• exercise regularly, gain weight를 활용할 것
• 접속사가 문두에 오도록 쓸 것
• 10단어의 완전한 문장으로 쓸 것

CHAPTER

13

일치와 화법

시제의 일치

1 시제의 일치: 주절의 시제에 따라 종속절의 시제를 다르게 쓰는데, 그 원칙을 시제의 일치라 한다.

주절의 시제	종속절의 시제
현재	모든 시제 가능
과거	현재 → 과거
	현재완료, 과거 → 과거완료
	will → would, can → could, may → might, must → must[had to]

1) 주절의 시제가 현재면 종속절에는 모든 시제를 쓸 수 있다.

I *think* that she **is** hungry now.

<u>주절</u>　　<u>종속절</u>

I *think* that she **was** hungry this morning.

I *think* that she **will be** hungry around 6.

2) 주절의 시제가 과거면 종속절에는 과거 또는 과거완료를 쓴다.

I *thought* that he **was** brave.

My father *hoped* that I **would be** a journalist.

Jake *realized* that he **had lost** his wallet.

2 시제 일치의 예외

1) 종속절이 변하지 않는 사실, 격언·속담, 과학적 사실일 때 주절의 시제와 관계없이 현재시제를 쓴다.

Everyone *knows* that the sun **rises** in the east.

My parents *told* me that the early bird **catches** the worm.

2) 종속절이 역사적 사실일 때 주절의 시제와 관계없이 과거시제를 쓴다.

Jenny *learned* that Napoleon **was defeated** at the Battle of Waterloo.

Ken *doesn't know* that the Wright brothers **made** the first airplane.

3) 현재에도 지속되는 사실이나 습관일 때 주절의 시제가 과거라도 종속절에 현재시제를 쓸 수 있다.

Jim *said* that he always **takes** the school bus to school.

I *didn't know* that Martha **goes** to taekwondo class once a week.

SPEED CHECK

빈칸에 알맞은 말을 고르시오.

1 My brother said that he _____ the last cookie yesterday.

① would ate　　② eats　　③ had eaten　　④ is eating　　⑤ was eaten

2 Galileo discovered that the Earth _____ around the Sun.

① move　　② moves　　③ moved　　④ have moved　　⑤ had moved

3 We learned that Abraham Lincoln _____ the 16th president of the United States.

① is　　② was　　③ would be　　④ has been　　⑤ had been

PRACTICE TEST

정답 및 해설 p.34

A ( ) 안에서 알맞은 말을 고르시오.

1 The doctor thought that his patient (will / would) get well soon.
2 Everyone knows that the World Cup (is / was) held every four years.
3 Stella said that knowledge (is / was) power.
4 Do you know that the French Revolution (begins / began) in 1789?
5 I learned that light (travels / traveled) faster than sound.

A
get well 회복하다
be held 개최되다
knowledge [명] 지식
French Revolution 프랑스 혁명
travel [동] 여행하다; *이동하다

B 다음 문장을 보기와 같이 바꿔 쓰시오.

| 보기 | It is so cold that we can't go on our field trip.
→ It was so cold that we couldn't go on our field trip.

1 I think that Paul can get a perfect score on the test.
→ I thought that ________________.

2 Molly doesn't know that Germany was reunified in 1990.
→ Molly didn't know that ________________.

3 My sister thinks that I wore her skirt.
→ My sister thought that ________________.

4 The doctor says that lemons have a lot of vitamin C.
→ The doctor said that ________________.

B
field trip 현장 학습
get a perfect score 만점을 받다
reunify [동] 재통일하다

C 우리말과 뜻이 같도록 주어진 말을 사용하여 문장을 완성하시오.

1 Jake는 그녀가 아침 일찍 떠났다고 들었다. (leave)
Jake heard that ______ ______ ______ early in the morning.

2 나의 과학 선생님은 물이 섭씨 100도에서 끓는다고 말했다. (boil)
My science teacher said that ______ ______ at 100 ℃.

3 Margaret은 나에게 그녀가 항상 6시에 일어난다고 말했다. (get up)
Margaret told me that she always ______ ______ at six.

4 나는 한국 전쟁이 1950년에 시작되었다는 것을 안다. (the Korean War, begin)
I know that ______ ______ ______ ______ in 1950.

C
boil [동] (액체가) 끓다
Korean War 한국 전쟁

화법

◦ **직접화법**: 다른 사람이 한 말을 인용 부호(" ")로 묶어 그대로 전달하는 것
◦ **간접화법**: 다른 사람이 한 말을 전달자의 입장에 맞게 바꿔서 전달하는 것

1 평서문의 간접화법 전환: 『say[tell+목적어](+that)+주어+동사』

① 전달동사를 바꾼다. (say → say / say to → tell)
② 주절의 콤마와 인용 부호(" ")를 없애고 접속사 that을 쓴다. (that은 생략 가능)
③ 인용 부호 안의 인칭대명사는 전달자에 맞추고, 동사는 시제 일치의 원칙에 맞춰 바꾼다.

He **said to** his sister, "I don't understand you at all." (직접화법)

→ He **told** his sister (**that**) **he didn't understand her** at all. (간접화법)

2 의문문의 간접화법 전환

① 주절의 동사를 ask로 바꾼다.
② 주절의 콤마와 인용 부호(" ")를 없애고 접속사 if[whether]를 쓰거나 의문사를 남겨 둔다.
③ 종속절의 어순을 『주어+동사』로, 인칭대명사는 전달자에 맞추고, 동사는 시제 일치의 원칙에 맞춰 바꾼다.

1) 의문사가 있는 경우: 『ask(+목적어)+의문사+주어+동사』

Paul **said to** her, "How are you?"

→ Paul **asked** her **how she was**.

> **Tip 주의!** 의문사가 주어인 경우 『ask(+목적어)+의문사+동사』의 어순으로 쓴다.
> He **asked**, "Who has a pen?" → He **asked who had** a pen.

2) 의문사가 없는 경우: 『ask(+목적어)+if[whether]+주어+동사』

Ann **said to** me, "Do you have a travel guidebook?"

→ Ann **asked** me **if[whether] I had** a travel guidebook.

> **Tip 주의!** 직접화법에서 간접화법 전환 시 부사(구)와 지시대명사의 전환
>
> | | | |
> |---|---|---|
> | • now → at that time/then | • ago → before | • here → there |
> | • this[these] → that[those] | • today → that day | • tomorrow → the next day |
> | • yesterday → the day before | • next week/month/year → the next week/month/year | |
> | • last night/week → the previous night/week | | |

Dan said on the phone, "I'll be *here today*."
→ Dan said on the phone that he would be **there that day**.

SPEED CHECK

다음 문장을 간접화법으로 바꿔 쓰시오.

Ryan said to me, "Did you have lunch?"
→ Ryan asked me _____.

PRACTICE TEST

정답 및 해설 p.34

A (　) 안에서 알맞은 말을 고르시오.

1 He (said / told) me that he would come back before dark.
2 I asked her (that / whether) she had seen the play.
3 My friend asked me where (I had bought / had I bought) these earrings.
4 Jay asked him (who came / did who come) to the classroom first.

A
play [명] 놀이; *연극
earring [명] ((*pl.*)) 귀걸이

B 다음 문장을 간접화법으로 바꿀 때 밑줄 친 부분을 어법에 맞게 고치시오.

1 She said to me, "I'm excited."
→ She said me that I is excited.

2 My aunt said, "I want to relax today."
→ My aunt told that I wanted to relax today.

3 Scott said, "I'm looking for my concert ticket."
→ Scott said that he is looking for my concert ticket.

4 She asked me, "Can you speak Spanish?"
→ She asked me that I can speak Spanish.

5 My father asked me, "Why do you want to be a news reporter?"
→ My father told me why did I want to be a news reporter.

B
relax [동] 느긋이 쉬다
reporter [명] 리포터, 기자

C 다음 문장을 간접화법으로 바꿔 쓰시오.

1 My uncle said, "I will eat out with Lily tomorrow."
→ My uncle said that ______________________.

2 She said to me, "I have to buy some fruit at the store."
→ She told me that ______________________.

3 The waiter asked me, "Are you ready to order?"
→ The waiter asked me ______________________.

4 Edward asked me, "Where are you going now?"
→ Edward asked me ______________________ at that time.

5 I asked her, "How long have you been in Beijing?"
→ I asked her ______________________.

C
eat out 외식하다

REVIEW TEST

[01-03] 다음 빈칸에 들어갈 수 있는 말을 고르시오.

01
> I didn't know that I _____ a serious
> mistake in the meeting.

① make   ② makes

③ made   ④ has made

⑤ is making

02
> My grandfather said that a picture _____
> worth a thousand words.

① is   ② was

③ to be   ④ has been

⑤ had been

03
> Harrison asked me _____ I had gotten his
> text message earlier.

① that   ② with

③ whether   ④ as

⑤ what

서술형

[04-05] 다음 문장에서 <u>틀린</u> 부분을 찾아 바르게 고치시오.

04 Emily learned that Beethoven had been born
in Bonn, Germany.

(   ) → (   )

05 Mia told me if she wanted to buy Adele's new
album.

(   ) → (   )

서술형 NEW 내신 기출

06 우리말과 뜻이 같도록 조건에 맞게 문장을 완성하시오.

> 나는 달에 공기가 없다고 배웠다.
> → _____

─| 조건 |─
> • learn, no, air, moon을 활용할 것
> • at, in, on 중 알맞은 전치사를 사용할 것
> • 시제에 맞게 10단어의 완전한 문장으로 쓸 것

[07-08] 다음 문장을 간접화법으로 바꿀 때 빈칸에 들어
갈 수 있는 말을 고르시오.

07
> Miranda asked her brother, "When does
> the talk show end?"
> → Miranda asked her brother _____
> _____.

① when did the talk show end

② when the talk show ended

③ when does the talk show end

④ when the talk show will end

⑤ when the talk show ends

08
> Arnold said to me, "I know your husband
> very well."
> → Arnold told me that he _____
> very well.

① knew my husband

② knew your husband

③ knows your husband

④ has known my husband

⑤ had known my husband

09 다음 문장을 간접화법으로 바꿀 때 사용되지 <u>않는</u> 표현은?

> Amy said, "I will take care of my brother at home."

① she
② said
③ would
④ my brother
⑤ that

10 다음 대화의 내용에 맞게 빈칸에 알맞은 말을 쓰시오.

> Ken: Eva was absent from school today. Do you know why?
> Nicole: Yes. She called me this morning and told me she had a bad stomachache.

→ Eva said to Nicole, "_____
_____."

[11-12] 다음 빈칸에 들어갈 말을 바르게 짝지은 것을 고르시오.

11
> A: What did that man ask you?
> B: He ___ⓐ___ me where ___ⓑ___ .

	ⓐ	ⓑ
①	told	– the nearest subway station was
②	told	– was the nearest subway station
③	asked	– is the nearest subway station
④	asked	– the nearest subway station was
⑤	asked	– was the nearest subway station

12
> A: Do you know where Diana will go next week?
> B: Yes. She ___ⓐ___ me that she ___ⓑ___ to the toy museum.

	ⓐ	ⓑ		ⓐ	ⓑ
①	told	– went	②	said	– goes
③	told	– goes	④	said	– would go
⑤	told	– would go			

13 다음 친구들이 과거에 한 말을 보기와 같이 간접화법으로 바꾸시오.

Alex (I'll follow my teacher's advice.

Sera (Do you want to eat dinner with me?

Leo (I have been to the opera house before.

| 보기 |
Alex said that he would follow his teacher's advice.

1) Sera asked me _____
_____ .

2) Leo said that _____
_____ before.

[14-15] 다음 중 어법상 <u>틀린</u> 것을 모두 고르시오.

14 ① I knew that he will succeed.
② He told me that he had seen my brother.
③ Ann told me she goes jogging every morning.
④ We learned that the *Mayflower* arrives in Massachusetts in 1620.
⑤ The teacher taught us that water freezes at 0 °C.

15
① My brother told me his team has lost the game.
② I realized that I had left my bag in Clara's office.
③ My friend asked me what did I think of that movie.
④ The woman told me that she was a famous singer.
⑤ Charles said the bakery opens at 10 a.m. every day.

16 다음 문장을 간접화법으로 바꿀 때 어법상 틀린 것을 모두 고르시오.

① I said to Sally, "I will stay at Tom's house tomorrow."
 → I told Sally that I would stay at Tom's house the next day.
② Bill said, "I met Amy yesterday."
 → Bill said that he had met Amy yesterday.
③ Mia said, "I have to leave home today."
 → Mia said that she had to leave home that day.
④ I asked Anderson, "What is your favorite activity?"
 → I asked Anderson what his favorite activity was.
⑤ My coworker said to me, "Mr. Smith left a message for you."
 → My coworker told me that Mr. Smith had left a message for you.

17 다음 밑줄 친 부분을 바르게 고친 것 중 어색한 것은?

① Jenny asked me why I am angry.
 → was
② I know Shakespeare had written *Romeo and Juliet*.
 → wrote
③ She asked me that I enjoyed reading books.
 → whether
④ I heard that Jim fix my laptop the day before.
 → had fixed
⑤ Lewis learned that oil is lighter than water.
 → was

[18-20] 다음 문장을 간접화법으로 바꾸시오.

18 Molly said to her teacher, "I didn't hear my alarm."
 → Molly told her teacher that _____
 _____.

19 My teacher said to me, "Why didn't you hand in your report?"
 → My teacher asked me _____
 _____.

20 Jenny said to me, "Are you studying English literature in college?"
 → Jenny asked me _____
 _____.

정답 및 해설 p.36

반   이름   맞은 개수

[01-04] 다음 빈칸에 들어갈 수 있는 말을 고르시오.

01

My wish is _____ to the singer's concert.

① go   ② goes   ③ to go
④ went   ⑤ gone

02

There are two pencils on the table. One is mine and _____ is Minsu's.

① other   ② some   ③ the other
④ others   ⑤ another

03

This is the house _____ garden is very beautiful.

① who   ② that   ③ whom
④ whose   ⑤ which

04

Christopher speaks as if he _____ his homework a long time ago.

① finish   ② finishes
③ will finish   ④ has finished
⑤ had finished

서술형

[05-06] 다음 문장에서 <u>틀린</u> 부분을 찾아 바르게 고치시오.

05 We felt happily because our team won the game.

(   ) → (   )

06 She was shocking by the car accident.

(   ) → (   )

서술형

07 주어진 말을 사용하여 두 문장을 한 문장으로 만드시오.

It was very cold yesterday. Jason didn't go out. (because)

→ _____

_____

NEW 내신 기출

08 다음 문장을 분사구문으로 바꿀 때 필요한 단어로만 이루어진 것은?

Because I didn't know what to say, I kept silent.

① I, silent, what to saying, no, kept, know
② I, silent, what to say, no, kept, knowing
③ I, silent, what to saying, not, kept, know
④ I, silent, what to say, not, keep, knowing
⑤ I, silent, what to say, not, kept, knowing

서술형 NEW 내신 기출

09 주어진 말을 바르게 배열하여 문장을 완성하고 해석하시오.

(a key, need, open, I, the door, to).

→ _____

→ _____

10

| Sue's ruler is _____ shorter than yours. |

① far   ② many

③ much   ④ even

⑤ a lot

11

| My mother _____ me to clean my room. |

① asked   ② wanted

③ advised   ④ expected

⑤ made

서술형

[12-14] 두 문장의 뜻이 같도록 문장을 완성하시오.

12 I'm so tired that I can't walk anymore.

→ I'm _____ tired _____ walk anymore.

13 She is rich enough to buy it.

→ She is _____ rich _____ she can buy it.

14 If you don't do your best, you will fail the exam.

→ Do your best, _____ you will fail the exam.

[15-16] 우리말과 뜻이 같도록 할 때 빈칸에 들어갈 수 있는 말을 고르시오.

15

| Paul은 오늘 아침에 집에 있어야 했다.
→ Paul _____ to stay home this morning. |

① has   ② had

③ have   ④ must

⑤ should

16

| 비행기는 점점 더 대형화되고 있다.
→ Airplanes are getting _____ in size. |

① largest of all   ② large and large

③ largest and largest   ④ larger and larger

⑤ more large and large

17 다음 밑줄 친 부분 중 어법상 틀린 것은?

① It stopped raining.

② I enjoy to swim in the sea.

③ They kept talking for an hour.

④ I will remember to meet Jerry tomorrow.

⑤ How about going to the movies on Sunday?

서술형

[18-20] 우리말과 뜻이 같도록 주어진 말을 사용하여 문장을 완성하시오.

18 이 편지는 Ben에 의해 쓰였다. (write)

→ This letter _____ _____ _____ Ben.

19 내가 먹고 싶은 것은 매운 것이다. (eat)

→ _____ _____ _____ _____ _____ is

something spicy.

20 네 엄마가 돌아오기 전에 네 숙제를 끝내라.

(mom, come back)

→ Finish your homework _____ _____

_____ _____ _____.

21 다음 밑줄 친 부분 중 쓰임이 나머지와 다른 것은?

① Thank you for calling.

② Do you like eating sushi?

③ My grandfather is reading a book.

④ Watching action films is exciting.

⑤ I stopped looking for the lost dog.

[22-23] 다음 중 어법상 틀린 것을 고르시오.

22 ① David is as stronger as you.

② She is taller than her sister.

③ This house is twice as big as mine.

④ In winter Seoul is colder than Busan.

⑤ This is the most beautiful flower in the garden.

23 ① Sarah has met him before.

② I have had lunch two hours ago.

③ Stan is doing his homework now.

④ Jake is going to visit his grandmother.

⑤ Hann watched the movie with his friends.

24 다음 문장을 간접화법으로 바꿀 때 빈칸에 들어갈 수 있는 것은?

I asked her, "Do you have a pet?"

→ I asked her _____.

① if I had a pet

② if she had a pet

③ that I had a pet

④ that she had a pet

⑤ whether she has a pet

서술형

25 다음 표를 보고 보기와 같이 문장을 완성하시오.

book	It is about animals.
1) sister	Her name is Christina.
2) dishwasher	Jacob bought it last year.
3) Patrick	Jacob met him at the party.

| 보기 |
Jacob needs a book which is about animals.

1) Jacob has a sister _____.

2) Jacob has a dishwasher _____

_____.

3) Jacob knows Patrick _____

_____.

[01-05] 다음 빈칸에 들어갈 수 있는 말을 고르시오.

01

> Think creatively, _____ you will succeed.

① or   ② if

③ and   ④ but

⑤ that

02

> I can't forget last April _____ I won the prize.

① who   ② when

③ why   ④ where

⑤ how

03

> The hotter it is, _____ we sweat.

① a lot   ② so much

③ the most   ④ the more

⑤ the much

04

> The child _____ a leaf is my son.

① pick up   ② picks up

③ picked up   ④ picking up

⑤ is picking up

05

> _____ is important in my life is love.

① Who   ② Which

③ That   ④ Whom

⑤ What

06 다음 밑줄 친 부분 중 쓰임이 나머지와 <u>다른</u> 것은?

① He sat down <u>to eat</u> lunch.

② She grew up <u>to be</u> a pianist.

③ I went to the park <u>to meet</u> him.

④ He worked hard <u>to pass</u> the exam.

⑤ Jack went to the mall <u>to buy</u> a tie.

NEW **내신 기출**

07 주어진 말을 어법에 맞게 배열할 때 문장에서 여섯 번째 오는 말은?

> Do you want something (hot, drink, now, right, to)?

① hot   ② drink

③ now   ④ right

⑤ to

[08-10] 다음 중 어법상 틀린 것을 고르시오.

08 ① I didn't know the reason why she got angry.

② The day when I met Ken was New Year's Eve.

③ Kate was the first student that finished the work.

④ Let's go to the library where we can borrow the book.

⑤ She will let you know the way how you use the machine.

09 ① He felt disappointed.

② You look like a princess.

③ Her idea sounds fantastic.

④ That black tea tastes bitterly.

⑤ The apple pie smelled delicious.

10 ① I like dogs better than cats.

② I feel better than yesterday.

③ My father is as old as your father.

④ This bag is heavier than that one.

⑤ Mary is much beautiful than her sister.

[11-12] 다음 빈칸에 들어갈 수 <u>없는</u> 말을 고르시오.

11

We _____ him play baseball.

① let   ② saw

③ made   ④ wanted

⑤ watched

12

It's very _____ of you to say so.

① kind   ② nice

③ stupid   ④ rude

⑤ easy

[13-15] 우리말과 뜻이 같도록 문장을 완성하시오.

13 나는 체스를 두는 방법을 안다.

→ I know _____ play chess.

14 나는 지난주에 그녀를 만났던 것을 기억한다.

→ I remember _____ her last week.

15 오늘 밤에 나에게 전화할 것을 잊지 마라.

→ Don't forget _____ me tonight.

서술형 NEW 내신 기출

16 다음 대화의 빈칸에 들어갈 한 단어와 보기의 단어를 한 번씩만 사용하여 문장을 완성하시오.

A: Dad, I'm very tired.
B: You _____ better get some rest.

| 보기 |
| to | I | future career | decide | my |

→ _____

[17-18] 우리말과 뜻이 같도록 할 때 빈칸에 들어갈 수 있는 말을 고르시오.

17

나의 삼촌은 유럽으로 가고 없다.
→ My uncle _____ to Europe.

① goes   ② will go

③ is going   ④ has gone

⑤ has been

18

만약 그가 휴대 전화를 갖고 있었더라면, 그는 너에게 전화했을 텐데.
→ If he had had a cell phone, he would _____ you.

① call   ② called

③ be called   ④ have called

⑤ has called

다음 빈칸에 들어갈 말을 바르게 짝지은 것을 고르시오.

19

| ⓐ He is interested _____ music. |
| ⓑ The desk is made _____ wood. |

     ⓐ   ⓑ   ⓐ   ⓑ
① in – of   ② of – in
③ in – in   ④ of – from
⑤ for – of

20

| ⓐ The teacher said the earth _____ around the sun. |
| ⓑ I learned Thomas Edison _____ the light bulb. |

    ⓐ   ⓑ   ⓐ   ⓑ
① goes – invents ② went – invents
③ went – invented ④ goes – invented
⑤ will go – invented

21 다음 밑줄 친 부분 중 생략할 수 <u>없는</u> 것은?

① This is the fish <u>that</u> I caught.
② I met a woman <u>who</u> I know.
③ He is the man <u>who</u> saved my life.
④ The man <u>who</u> you saw was Jim.
⑤ I like the shoes <u>which</u> Ann is wearing.

서술형

[22-24] 두 문장의 뜻이 같도록 문장을 완성하시오.

22 My coach gave me some helpful advice.
→ My coach gave some helpful advice _____ me.

23 I bought my aunt sunglasses for her birthday.
→ I bought sunglasses _____ my aunt for her birthday.

24 The government must help the poor.
→ The poor _____ by the government.

서술형

25 우리말과 뜻이 같도록 주어진 말을 사용하여 문장을 완성하시오.

각각의 학생들은 말할 기회가 있다.

(have, a chance, speak)

→ _____ _____ _____ _____

_____ _____ .

서술형

26 다음 문장을 보기와 같이 간접화법으로 바꾸시오.

| 보기 |
| Matt said, "I am waiting for you here." |
| → Matt said that he was waiting for me there. |

1) She said to me, "I will go to the dentist today."
→ She _____

_____ .

2) Mr. Davis asked me, "Do you know the answer?"
→ Mr. Davis _____

_____ .

3) Eric said to Jennifer, "What is the math homework?"
→ Eric _____

_____ .

MEMO

MEMO

지은이

NE능률 영어교육연구소

NE능률 영어교육연구소는 혁신적이며 효율적인 영어 교재를 개발하고
영어 학습의 질을 한 단계 높이고자 노력하는 NE능률의 연구조직입니다.

1316 GRAMMAR 〈LEVEL 2〉

펴 낸 이	주민홍
펴 낸 곳	서울특별시 마포구 월드컵북로 396(상암동) 누리꿈스퀘어 비즈니스타워 10층
	(주)NE능률 (우편번호 03925)
펴 낸 날	2024년 1월 5일 개정판 제1쇄 발행
	2024년 9월 15일 제4쇄
전 화	02 2014 7114
팩 스	02 3142 0356
홈페이지	www.neungyule.com
등록번호	제 1-68호
I S B N	979-11-253-4285-4
정 가	14,500원

NE 능률

고객센터

교재 내용 문의 : contact.nebooks.co.kr (별도의 가입 절차 없이 작성 가능)
제품 구매, 교환, 불량, 반품 문의 : 02-2014-7114
☎ 전화문의는 본사 업무시간 중에만 가능합니다.

NE능률 교재 MAP

아래 교재 MAP을 참고하여 본인의 현재 혹은 목표 수준에 따라 교재를 선택하세요.
NE능률 교재들과 함께 영어실력을 쑥쑥~ 올려보세요!
MP3 등 교재 부가 학습 서비스 및 자세한 교재 정보는 www.nebooks.co.kr 에서 확인하세요.

문법 구문 서술형

초1-2	초3	초3-4	초4-5	초5-6
	그래머버디 1	그래머버디 2	그래머버디 3	Grammar Bean 3
	초등영어 문법이 된다 Starter 1	초등영어 문법이 된다 Starter 2	Grammar Bean 1	Grammar Bean 4
		초등 Grammar Inside 1	Grammar Bean 2	초등영어 문법이 된다 2
		초등 Grammar Inside 2	초등영어 문법이 된다 1	초등 Grammar Inside 5
			초등 Grammar Inside 3	초등 Grammar Inside 6
			초등 Grammar Inside 4	

초6-예비중	중1	중1-2	중2-3	중3
능률중학영어 예비중	능률중학영어 중1	능률중학영어 중2	Grammar Zone 기초편	능률중학영어 중3
Grammar Inside Starter	Grammar Zone 입문편	1316 Grammar 2	Grammar Zone 워크북 기초편	문제로 마스터하는 중학영문법 3
원리를 더한 영문법 STARTER	Grammar Zone 워크북 입문편	문제로 마스터하는 중학영문법 2	1316 Grammar 3	Grammar Inside 3
	1316 Grammar 1	Grammar Inside 2	원리를 더한 영문법 2	열중 16강 문법 3
	문제로 마스터하는 중학영문법 1	열중 16강 문법 2	중학영문법 총정리 모의고사 2	중학영문법 총정리 모의고사 3
	Grammar Inside 1	원리를 더한 영문법 1	쓰기로 마스터하는 중학서술형 2학년	쓰기로 마스터하는 중학서술형 3학년
	열중 16강 문법 1	중학영문법 총정리 모의고사 1	중학 천문장 3	
	쓰기로 마스터하는 중학서술형 1학년	중학 천문장 2		
	중학 천문장 1			

예비고-고1	고1	고1-2	고2-3	고3
문제로 마스터하는 고등영문법	Grammar Zone 기본편 1	필히 통하는 고등 영문법 실력편	Grammar Zone 종합편	
올클 수능 어법 start	Grammar Zone 워크북 기본편 1	필히 통하는 고등 서술형 실전편	Grammar Zone 워크북 종합편	
천문장 입문	Grammar Zone 기본편 2	TEPS BY STEP G+R Basic	올클 수능 어법 완성	
	Grammar Zone 워크북 기본편 2		천문장 완성	
	필히 통하는 고등 영문법 기본편			
	필히 통하는 고등 서술형 기본편			
	천문장 기본			

수능 이상/ 토플 80-89 · 텝스 600-699점	수능 이상/ 토플 90-99 · 텝스 700-799점	수능 이상/ 토플 100 · 텝스 800점 이상		
TEPS BY STEP G+R 1	TEPS BY STEP G+R 2	TEPS BY STEP G+R 3		

기초부터 내신까지 중학 영문법 완성

1316

1316 GRAMMAR

정답 및 해설

LEVEL
2

NE 능률

기초부터 내신까지 중학 영문법 완성

1316

1316 GRAMMAR

정답 및 해설

LEVEL 2

CHAPTER

01 문장의 형식

UNIT 1 1형식과 2형식

pp.8 - 9

A

모두가 웃었다.

Emily는 집에 갔다.

B

1 Christy는 학생이다. 그녀는 아름답다.
그의 딸은 제빵사가 되었다.

2 Jason은 그 회의 후에 피곤해 보였다.
나는 매일 아침 졸리다고 느낀다.
부엌에서 뭔가 맛있는 냄새가 났다.
놀이공원을 방문하는 것은 신나게 들린다.
그 레모네이드는 달고 신맛이 난다.

[Tip 비교!] 너는 영화배우 같아 보인다.

SPEED CHECK

1 ② 2 ③

1 speak는 감각동사가 아니므로 형용사 보어와 함께 쓰지 않음

2 taste가 감각동사로 쓰일 때 주격 보어로 형용사를 씀

[어휘] seafood [명] 해산물

PRACTICE TEST

A 1 strong 2 parents 3 angry 4 quickly
5 on the stage

B 1 look → look like 2 beautifully → beautiful
3 sourly → sour 4 sadly → sad 5 easily → easy
6 well → good 7 sudden → suddenly

C 1 don't exist 2 felt soft 3 tastes fresh
4 look heavy 5 smells like chicken

A

1-3 2형식: 『주어+동사+주격 보어』

4-5 1형식: 『주어+동사+부사구』

B

1 『look like+명사(구)』: '… 같아 보이다'

2-6 『감각동사(look/feel/smell/sound/taste)+형용사』

7 『주어+disappear』는 완전한 문장이므로 부사와 함께 쓸 수 있음

UNIT 2 3형식과 4형식

pp.10 - 11

A

나는 나의 가족을 사랑한다.

나의 아버지가 TV를 끄셨다.

B

나는 그에게 맛있는 쿠키를 좀 주었다.

나의 어머니가 나에게 샌드위치를 만들어 주셨다.

C

나는 Amy에게 편지를 보냈다.

나는 그에게 요리책을 사 주었다.

[Tip 주의!] 그 선생님은 그것을 Michael에게 주셨다.

[Tip 비교!] 한 여자가 나에게 부탁을 했다.

SPEED CHECK

1 a box 2 to 3 for

1 동사 make는 목적어가 필요하므로 명사(a box)를 씀 (3형식)
[어휘] boxy [형] 상자 모양의

2 수여동사로 쓰인 bring은 4형식에서 3형식으로 바꿀 때 간접목적어 앞에 주로 전치사 to를 씀

3 수여동사로 쓰인 make는 4형식에서 3형식으로 바꿀 때 간접목적어 앞에 전치사 for를 씀

PRACTICE TEST

A 1 for → to 2 to → for 3 me it → it to me

B 1 my secrets to anyone
2 a text message to him
3 a concert ticket for me
4 such a nice bag for you

C 1 ask a question
2 bought them books
3 the actress a fan letter
4 taught science to us
5 caught the ball, passed it to Bill

A

1 『give+직접목적어+to+간접목적어』

2 『make+직접목적어+for+간접목적어』

3 『show+직접목적어+to+간접목적어』
직접목적어가 대명사인 경우 3형식 문장이 자연스러움

B

1-2 수여동사로 쓰인 tell/send는 4형식에서 3형식으로 바꿀 때 전치사 to를 씀

3-4 수여동사로 쓰인 get/buy는 4형식에서 3형식으로 바꿀 때 전치사 for를 씀

C

1, 4-5 3형식 문장

2-3 4형식 문장

4-5 수여동사로 쓰인 teach/pass는 4형식에서 3형식으로 바꿀 때 전치사 to를 씀

UNIT 3 5형식 I

pp.12 - 13

1 Tom의 발명은 그를 부자로 만들었다.
그들은 그 혜성을 '핼리 혜성'이라고 이름 지었다.

2 그 담요는 너를 따뜻하게 해 줄 것이다.
나는 영어가 매우 재미있다는 것을 알게 되었다.

3 그녀는 나에게 그녀의 사진을 찍어 달라고 부탁했다.
우리 부모님은 내가 정직하기를 원하신다.

[Tip 비교!] 그녀는 그가 그의 책을 옮기도록 도왔다.

Grammar UP

1 ① 그 코치는 그 소년을 그 팀의 주장으로 만들었다.
② 나는 그 소년에게 작은 의자를 하나 만들어 줬다.

2 ① Jack은 그 책이 쉽다는 것을 알게 되었다.
② Jack은 그 책을 쉽게 찾았다.

SPEED CHECK

1 ④ 2 ②

1 『make+목적어+형용사(구)/명사(구)』: '…을 ~하게/로 만들다'
[어휘] experience [명] 경험

2 『want/tell/expect/ask+목적어+to부정사(구)』
make는 목적격 보어로 명사(구)나 형용사(구), 동사원형을 씀
[어휘] boss [명] 상사

PRACTICE TEST

A 1 happy 2 hard 3 to open 4 healthy
5 to stay 6 fix

B 1 red 2 to pass 3 to wear 4 (to) cook 5 to get

C 1 call him a coward 2 found his story sad
3 keep the dog quiet 4 advised me to travel
5 allowed me to use

A

1, 4 『make/keep+목적어+형용사(구)』: '…을 ~하게 만들다/유지하다'

2 『find+목적어+형용사(구)』: '…가 ~인 것을 알게 되다'

3, 5 『tell/ask+목적어+to부정사(구)』: '…에게 ~하라고 말하다/부탁하다'

6 『help+목적어+동사원형/to부정사(구)』: '…가 ~하는 것을 돕다'

B

1 『turn+목적어+형용사(구)』: '…을 ~되게 하다'

2-3, 5 『expect/persuade/enable+목적어+to부정사(구)』: '…가 ~하기를 기대하다/~하라고 설득하다/~할 수 있게 하다'

4 『help+목적어+동사원형/to부정사(구)』: '…가 ~하는 것을 돕다'

C

1 『call+목적어+명사(구)』: '…을 ~라고 부르다'

2 『find+목적어+형용사(구)』: '…가 ~인 것을 알게 되다'

3 『keep+목적어+형용사(구)』: '…을 ~하게 유지하다'

4-5 『advise/allow+목적어+to부정사(구)』: '…가 ~하라고 충고하다/~하기를 허락하다'

UNIT 4 5형식 II

pp.14 - 15

1 코치님은 내 꿈이 실현되도록 해 주셨다.
나의 어머니는 내가 만화책을 읽는 것을 허락하지 않으셨다.
Brown 씨는 그 남자가 탁자를 옮기게 했다.

[Tip 비교!] 나는 내 여동생이 나에게 10달러를 빌려주게 했다.

2 우리는 두 아이가 테니스를 치는[치고 있는] 것을 보았다.
나는 그가 기타를 연주하는[연주하고 있는] 것을 들었다.

Grammar UP

1 그는 그의 옷을 세탁했다.
나는 내 머리를 잘랐다.

2 나는 길에 레드카펫이 깔린 것을 보았다.
Jason은 그 노래가 반복되는 것을 들었다.

SPEED CHECK

1 ④ 2 ① 3 ④ 4 ③

1 『사역동사(make)+목적어+동사원형』: '…가 ~을 하게 하다'
[어휘] get out of …에서 나가다

2 『지각동사(hear)+목적어+동사원형/현재분사』: '…가 ~하는/하고 있는 것을 듣다'

3 get은 사역의 뜻이 있지만 목적격 보어로 to부정사(구)를 씀

4 사역동사로 쓰인 have의 목적어와 목적격 보어의 관계가 수동일 때 목적격 보어로 과거분사를 씀
[어휘] take out 제거하다

PRACTICE TEST

A 1 have 2 shaking 3 play 4 repaired
B 1 left → leave
2 to sing → sing[singing]
3 to look → look[looking]
4 to solve → solve
C 1 look 2 to help 3 called 4 touch[touching]
D 1 see her sing[singing] 2 made me feel
3 doesn't let me watch TV
4 had her purse stolen

A

1 『사역동사(let)+목적어+동사원형』: '…가 ~을 하게 하다'

2-3 『지각동사(feel/watch)+목적어+동사원형/현재분사』: '…가 ~하는/하고 있는 것을 느끼다/보다'

4 사역동사로 쓰인 have의 목적어와 목적격 보어의 관계가 수동일 때 목적격 보어로 과거분사를 씀

B

1 『사역동사(let)+목적어+동사원형』: '…가 ~을 하게 하다'

2-3 『지각동사(hear/see)+목적어+동사원형/현재분사』: '…가 ~하는/하고 있는 것을 듣다/보다'

4 『사역동사(have)+목적어+동사원형』: '…가 ~을 하게 하다'

C

1 『사역동사(make)+목적어+동사원형』

2 get은 사역의 뜻이 있지만 목적격 보어로 to부정사(구)를 씀

3 지각동사(hear)의 목적어와 목적격 보어의 관계가 수동일 때 목적격 보어로 과거분사를 씀

4 『지각동사(feel)+목적어+동사원형/현재분사』

D

1 『지각동사(see)+목적어+동사원형/현재분사』

2-3 『사역동사(make/let)+목적어+동사원형』

4 사역동사로 쓰인 have의 목적어와 목적격 보어의 관계가 수동일 때 목적격 보어로 과거분사를 씀

REVIEW TEST pp.16-18

01 ③ 02 ⑤ 03 ② 04 ⑤ 05 ⓒ finishing, to finish 06 tastes sweet 07 I feel lonely 08 I call my cat Butterfly 09 ①, ③ 10 to make hamburgers 11 bark[barking] loudly 12 ② 13 ④ 14 ⓒ That sounds awesome! 15 play[playing] 16 to clean 17 ② 18 ④ 19 ③ 20 enables me to use 21 brought the girl some flowers 22 taught history to the children 23 saw her painting hung 24 ①

01 『find+목적어+형용사(구)』: '…가 ~인 것을 알게 되다'
[어휘] comfortable [형] 편안한

02 『사역동사(make)+목적어+동사원형』: '…가 ~을 하게 하다'

03 수여동사로 쓰인 tell은 4형식에서 3형식으로 바꿀 때 간접목적어 앞에 전치사 to를 쓴다.

04 수여동사로 쓰인 get은 4형식에서 3형식으로 바꿀 때 간접목적어 앞에 전치사 for를 쓴다.

05 『expect+목적어+to부정사(구)』: '…가 ~하기를 기대하다'
[어휘] upset [형] 속상한

06 『taste(감각동사)+형용사』: '…한 맛이 나다'

07 『feel(감각동사)+형용사』: '…하게 느끼다', '촉감이 …하다'
[어휘] hometown [명] 고향 lonely [형] 외로운
homesick [형] 향수병의

08 『call+목적어+명사(구)』: '…을 ~라고 부르다'
[어휘] pet [명] 애완동물

09 『지각동사(see)+목적어+동사원형/현재분사』: '…가 ~하는/하고 있는 것을 보다'
[어휘] for the first time 처음으로

10 『want+목적어+to부정사(구)』: '…가 ~하기를 원하다'

11 『지각동사(hear)+목적어+동사원형/현재분사』: '…가 ~하는/하고 있는 것을 듣다'
[어휘] bark [동] 짖다

12 목적격 보어가 동사원형(finish)이므로 사역의 뜻을 가질 때 목적격 보어로 to부정사를 쓰는 get은 쓸 수 없다.
[어휘] project [명] 프로젝트, 과업

13 『look(감각동사)+형용사』: '…하게 보이다'

14 『sound(감각동사)+형용사)』: '…하게 들리다'
『sound(감각동사) like+명사(구)』: '… 같이 들리다'
[어휘] surprise party 깜짝파티 awesome [형] 아주 멋진
gift [명] 선물 cell phone case 휴대 전화 케이스
[해석]
A: 너는 일요일에 무엇을 할 거니?
B: 나는 내 친구를 위해 깜짝파티를 열 거야.
A: 그거 아주 멋지게 들린다! 그를 위한 선물을 마련했니?
B: 아직 아니지만 나는 그에게 휴대 전화 케이스를 사 주고 싶어.

15 『지각동사(watch)+목적어+동사원형/현재분사』: '…가 ~하는/

하고 있는 것을 보다'

16 『ask+목적어+to부정사(구)』: '…에게 ~하라고 부탁하다'

17 ② 『smell(감각동사)+형용사』: '…한 냄새가 나다'
badly → bad
[어휘] kick [동] 차다 neighbor [명] 이웃

18 ④ 수여동사로 쓰인 show는 4형식에서 3형식으로 바꿀 때 간접목적어 앞에 전치사 to를 쓴다. for → to
[어휘] manager [명] 관리자

19 ③ 『tell+목적어+to부정사』: '…에게 ~하라고 말하다'
come back → to come back
[어휘] fan [명] 선풍기

20 『enable+목적어+to부정사(구)』: '…가 ~할 수 있게 하다'
[어휘] for free 무료로

21 수여동사 bring의 4형식: 『bring+간접목적어+직접목적어』

22 수여동사 teach의 3형식: 『teach+직접목적어+to+간접목적어』

23 『지각동사(see)+목적어+과거분사』: '…가 ~되는 것을 보다'
지각동사의 목적어와 목적격 보어의 관계가 수동일 때 목적격 보어로 과거분사를 씀
[어휘] hang [동] 걸다 (hung-hung)

24 ① 『주어+수여동사(ask)+간접목적어+직접목적어』로 구성된 4형식 문장
②-⑤ 『주어+동사+주격 보어』로 구성된 2형식 문장
[어휘] shampoo [명] 샴푸 disappointed [형] 실망한 go bad 썩다

CHAPTER 02 to부정사

UNIT 1 to부정사의 명사적 용법

pp.20 - 21

B

1 짠 음식을 먹는 것은 너의 건강에 좋지 않다.
2 나는 동물을 돌보는 것을 좋아한다. 나는 수의사가 되고 싶다.
3 그녀의 취미는 만화책을 읽는 것이다.
그의 꿈은 프리미어 리그에서 경기하는 것이다.
4 나는 무엇을 먼저 해야 할지 모르겠다.
그녀는 디저트를 먹으러 어디로 가야 할지 결정했다.

[Tip 주의!] 그는 다시는 늦지 않기로 약속했다.

SPEED CHECK

1 ④ 2 ④

1 plan to-v: '…하는 것을 계획하다'
[어휘] study abroad 유학 가다

2 how to-v: '어떻게 …할지', '…하는 방법'

PRACTICE TEST

A 1 what bring → what to bring 2 to being → to be
3 taking → to take 4 to not go → not to go
5 This → It

B 1 who(m) I should hire 2 when I should contact
3 what she should say 4 It, to make money
5 It, to ask you questions

C 1 where to get off 2 decided to get
3 to tell the truth 4 It, not to say thank you

A

1 what to-v: '무엇을 …할지' (know의 목적어)
2 보어로 쓰인 to부정사
3 hope to-v: '…하기를 바라다'
4 to부정사의 부정: not/never to-v
5 to부정사(구)의 가주어로 it을 씀

B

1-3 『의문사+to-v』는 대개 『의문사+주어+should+동사원형』으로 바꿔 쓸 수 있음
4-5 to부정사(구)가 주어일 때 보통 주어 자리에 가주어 it을 쓰고 진주어인 to부정사(구)를 문장 뒤로 보냄

C

1 where to-v: '어디로[어디서] …할지'
2 decide to-v: '…하는 것을 결정[결심]하다'
3 보어로 쓰인 to부정사
4 가주어 It과 진주어 not to say thank you

UNIT 2 to부정사의 형용사적 용법

pp.22 - 23

1 1) 우리는 탈 비행기가 있다.
Eric은 그의 개를 돌봐 줄 누군가가 필요하다.
2) 나는 차가운 마실 것을 원한다.
3) 그녀는 함께 이야기할 친구들이 많다.
나는 쓸 펜이 하나 필요하다.

2 1) 대통령은 내일 런던을 방문할 예정이다.
2) 너는 7시까지 집에 돌아와야 한다.
3) 그곳에서는 아무것도 발견할 수 없었다.
4) 나는 Emily와 사랑에 빠져서 그녀와 결혼할 운명이었다.

5) 좋은 친구를 사귀려고 한다면 네가 친절할 필요가 있다.

SPEED CHECK

1 ④ 2 ③

1 앞의 명사(time)를 수식하는 형용사적 용법
2 be to-v 용법 중 의도: '…하려고 하다'

PRACTICE TEST

A 1 doing → to do 2 get → to get
3 introduce → to introduce
4 to play → to play with
5 survive → to survive
B 1 a house to live in 2 some music to listen to
3 something exciting to tell you
C 1 time to wait 2 somebody kind to help
3 you are to succeed 4 are to be
5 was to become a famous musician

A

1 『-thing/-one/-body로 끝나는 대명사+형용사+to-v』
2-3 앞의 (대)명사(the best way/someone)를 수식하는 형용사적 용법
4 수식 받는 (대)명사가 『to-v+전치사』의 목적어일 때 『(대)명사+to-v+전치사』
5 be to-v 용법 중 가능('…할 수 있다') 또는 운명('…할 운명이다')

B

1-2 『명사+to-v+전치사』
3 『something+형용사+to-v』

UNIT 3 to부정사의 부사적 용법

pp.24 - 25

1 Sandra는 출퇴근 시간대의 교통 혼잡을 피하기 위해 일찍 출발했다.
[Tip 주의!] Jamie는 친구들의 감정을 보호하기 위해 그들에게 거짓말했다.
2 그는 공해에 관한 기사를 읽고 매우 실망했다.
나는 그의 고향을 방문해서 신났다.
3 우리 할아버지께서는 100세까지 사셨다.
나는 우체국에 서둘러 갔지만, 결국 그곳이 문을 닫은 것을 알게 되었다.
4 그녀를 또 믿는 것을 보니 그는 어리석은 게 틀림없다.
그녀의 충고를 듣다니 Noah는 매우 현명하다.
5 그가 농구하는 것을 본다면 너는 그가 프로 선수라고 생각할 것이다.
6 그 물은 마시기에 적당하지 않다.
이 버섯은 먹기에 위험하다.

SPEED CHECK

1 ④ 2 ③

1 결과를 나타내는 부사적 용법: '(…해서) ~하다'
2 조건을 나타내는 부사적 용법: '…한다면', '…라면'
[어휘] silk [명] 실크, 비단

PRACTICE TEST

A 1 ⓒ 2 ⓑ 3 ⓐ 4 ⓓ
B 1 저는 당신과 함께 일해서 기뻤습니다.
2 이 호수는 수영하기에 좋다.
3 그녀는 깨어나서 자신이 소파 위에 있다는 것을 알게 되었다.
4 나는 설탕을 좀 구입하기 위해 가게에 갈 것이다.
5 그녀가 그렇게 일찍 그녀의 일을 끝낸 것을 보니 영리한 게 틀림없다.
C 1 to lose weight 2 not easy to sing
3 To taste his food 4 to lend her notes
5 satisfied to get 6 in order not to lose

A

1-ⓒ 목적: '…하기 위해', '…하러'
2-ⓑ 결과: '(…해서) ~하다'
3-ⓐ 형용사 수식: '…하기에'
4-ⓓ 감정의 원인: '…해서', '…하니'

B

1 감정의 원인 2 형용사 수식 3 결과
4 목적 5 판단의 근거·이유

C

1 목적 2 형용사 수식 3 조건
4 판단의 근거·이유 5 감정의 원인
6 목적의 의미 강조: in order to-v

UNIT 4 의미상 주어, too ... to-v, ... enough to-v

pp.26 - 27

[A]

1 네가 열심히 공부하는 것은 중요하다.
네가 밖에 나가기에는 너무 추웠다.

2 그녀가 도움을 요청한 것은 현명했다.

B

Kevin은 너무 약해서 그 일을 할 수 없었다.
이 수업은 너무 어려워서 내가 따라갈 수 없다.

C

그는 혼자 소파를 옮길 만큼 충분히 힘이 세다.
그 뮤지컬은 어린이들이 이해할 수 있을 만큼 충분히 단순하다.

SPEED CHECK

1 ④ 2 ③ 3 ② 4 ⑤

1 사람의 성격을 나타내는 형용사(foolish)가 보어로 쓰일 경우 의미상 주어로 『of+목적격』을 씀
2 to부정사의 의미상 주어는 일반적으로 『for+목적격』을 씀
3 『too+형용사/부사+to-v』: '너무 …해서 ~할 수 없다', '~하기에 너무 …하다'
[어휘] sweet potato 고구마
4 『형용사/부사+enough to-v』: '…할 만큼 충분히 ~하다'

PRACTICE TEST

A 1 of → for 2 for → of 3 buy → to buy
4 enough clever → clever enough
B 1 too big for me to wear
2 so rich that he could buy
3 so busy that I couldn't have
4 big enough for my family to live in
C 1 easy for her to answer 2 old enough to travel
3 too hot to play 4 of him to chase the thief

A

1 to부정사의 의미상 주어는 일반적으로 『for+목적격』을 씀
2 사람의 성격을 나타내는 형용사(silly)가 보어로 쓰일 경우 의미상 주어로 『of+목적격』을 씀
3 『too+형용사/부사+to-v』: '너무 …해서 ~할 수 없다', '~하기에 너무 …하다'
4 『형용사/부사+enough to-v』: '…할 만큼 충분히 ~하다'

B

1, 3 『so+형용사/부사+that+주어+cannot[can't]』과 『too+형용사/부사+to-v』는 서로 바꿔 쓸 수 있음
2, 4 『형용사/부사+enough to-v』와 『so+형용사/부사+that+주어+can』은 서로 바꿔 쓸 수 있음

C

1, 4 문장의 주어와 that절의 주어가 다르므로 that절의 주어를 to부정사의 의미상 주어 『for+목적격』으로 나타냄

REVIEW TEST pp.28 - 30

01 ③ 02 ① 03 ③ 04 something spicy to eat 05 never to borrow money 06 The plane is to arrive there 07 too difficult for him to reach 08 funny enough to make 09 how to ski 10 ⑤ 11 ④ 12 ③ 13 You are to wear a mask. / You must wear a mask. 14 ⑤ 15 so full that he couldn't 16 only to fail 17 so as to 18 ④ 19 ③ 20 ④ 21 ②, ③, ⑤ 22 a roommate to live with 23 anything interesting to read 24 for me to take care of

01 when to-v: '언제 …할지'
02 to부정사의 의미상 주어는 일반적으로 『for+목적격』을 쓴다.
[어휘] in front of … 앞에서
03 ③ 『it(가주어) … to-v(진주어)』 구문으로, to부정사의 의미상 주어는 일반적으로 『for+목적격』의 형태로 to부정사 앞에 쓰는데, careless와 같이 사람의 성격을 나타내는 형용사가 보어로 쓰이면 『of+목적격』의 형태로 쓴다.
[어휘] careless [형] 부주의한 drawer [명] 서랍
04 『-thing/-one/-body로 끝나는 대명사+형용사+to-v』
05 to부정사의 부정: not/never to-v
[어휘] borrow [동] 빌리다
06 be to-v 용법 중 예정: '…할 예정이다'
[어휘] midnight [명] 자정
07 『too+형용사/부사+to-v』: '너무 …해서 ~할 수 없다', '~하기에 너무 …하다'
[어휘] jar [명] 항아리 reach [동] 닿다
08 『형용사/부사+enough to-v』: '…할 만큼 충분히 ~하다'
[어휘] laugh [동] 웃다
09 how to-v: '어떻게 …할지', '…하는 방법'
10 보기, ⑤ 목적을 나타내는 부사적 용법: '…하기 위해', '…하려'
① 명사를 수식하는 형용사적 용법, ②-④ 명사적 용법
11 보기, ④ 감정의 원인을 나타내는 부사적 용법: '…해서', '…하니'
①, ③ 명사적 용법, ②, ⑤ (대)명사를 수식하는 형용사적 용법
[어휘] receive [동] 받다 invitation [명] 초대 mailbox [명] 우편함
12 보기, ③ 명사를 수식하는 형용사적 용법
① 형용사를 수식하는 부사적 용법, ② 명사적 용법, ④ 판단의 근거·이유를 나타내는 부사적 용법, ⑤ 결과를 나타내는 부사적 용법
[어휘] comfortable [형] 편안한 prepare for …을 준비하다
interview [명] 면접
13 be to-v 용법 중 의무: '…해야 한다' (= must)

14 ⑤ 사람의 성격을 나타내는 형용사가 보어이므로, 의미상 주어로 『of+목적격』을 쓰고, 나머지는 일반적인 의미상 주어로 『for+목적격』을 쓴다.

[어휘] keep a secret 비밀을 지키다 stupid [형] 어리석은
forget [동] 잊다

15 『too+형용사/부사+to-v』는 『so+형용사/부사+that+주어+cannot[can't]』으로 바꿔 쓸 수 있다.

16 부정적 결과를 나타내는 부사적 용법 only to-v: '결국 …하고 말다'

17 목적의 의미를 강조하는 in order to-v는 so as to-v로 바꿔 쓸 수 있다.

[어휘] laptop [명] 휴대용 컴퓨터

18 ④ 『의문사+to-v』는 대개 『의문사+주어+should+동사원형』으로 바꿔 쓸 수 있다.

19 ③ 『형용사/부사+enough to-v』
enough light → light enough

[어휘] apologize [동] 사과하다

20 ④ to부정사(구)의 가주어로 it을 쓴다. That → It

[어휘] stay healthy 건강을 유지하다
regularly [부] 규칙적[정기적]으로

21 ① 수식 받는 (대)명사가 『to-v+전치사』의 목적어일 때 『(대)명사+to-v+전치사』의 형태로 쓴다. to write → to write on
④ where to-v: '어디로[어디서] …할지'
where sending → where to send

[어휘] old [형] 늙은; *(알고 지낸 지가) 오래된 homeless [형] 집이 없는
package [명] 소포 feed [동] 먹이다

22 『명사+to-v+전치사』

[어휘] roommate [명] 룸메이트

23 『-thing/-one/-body로 끝나는 대명사+형용사+to-v』

24 to부정사의 의미상 주어는 일반적으로 『for+목적격』으로 쓴다.

[어휘] take care of …을 돌보다

CHAPTER 03 동명사

UNIT 1 동명사의 역할

pp.32 - 33

B

1 너를 보는 것은 나를 항상 미소 짓게 한다.
온라인으로 공부하는 것은 매우 편리하다.

2 1) 나는 내 블로그에 사진을 올리기 시작했다.
2) 중국으로 여행 가는 게 어때?

3 Mark의 숙제는 소논문을 쓰는 것이다.
나의 직업은 오래된 그림을 복원하는 것이다.

[Tip 주의!] 의사는 술을 마시지 말라고 제안했다.

C

나의 부모님은 주말에 낚시하러 가셨다.
그 의사는 그녀의 환자를 보느라 바빴다.
방에 들어가자마자 그녀는 그의 이름을 외쳤다.
나는 그 귀여운 아기에게 뽀뽀하지 않을 수 없었다.

SPEED CHECK

1 ③ 2 ⑤

1 보어로 쓰인 동명사

[어휘] popular [형] 인기 있는; *대중적인

2 전치사의 목적어로 쓰인 동명사

PRACTICE TEST

A 1 Memorizing[To memorize] 2 going
3 camping 4 not getting 5 setting[to set]
B 1 busy preparing dinner
2 making food for other people
3 riding my bike 4 Walking alone at night
C 1 couldn't help laughing[couldn't (help) but laugh]
2 is worth taking 3 am good at using
4 not keeping

A

1 주어로 쓰인 동명사[to부정사]
2 전치사의 목적어로 쓰인 동명사
3 go v-ing: '…하러 가다'
4 동명사의 부정: not/never v-ing
5 보어로 쓰인 동명사[to부정사]

B

1 be busy v-ing: '…하느라 바쁘다'
2 보어로 쓰인 동명사
3 enjoy v-ing: '…하는 것을 즐기다'
4 주어로 쓰인 동명사

C

1 cannot help v-ing: '…하지 않을 수 없다'
(= 『cannot (help) but+동사원형』)
2 be worth v-ing: '…할 만한 가치가 있다'
3 be good at v-ing: '…하는 것을 잘하다'
4 동명사의 부정: not/never v-ing

UNIT 2 동명사와 to부정사

pp.34 - 35

1 나는 한 시간 전에 벽장 정리하는 것을 끝냈다.
그는 정치에 관해 이야기하는 것을 피했다.
2 나는 발레 수업을 듣기로 결심했다.
Hans는 교칙을 따르기로 약속했다.
3 1) Robin은 중학교 때부터 곡을 쓰기 시작했다.
2) 나는 그에게 전화했던 것을 기억하고, 그것을 후회한다.
내일 그에게 전화할 것을 기억해라.
그녀는 그를 만난 것을 잊었고 그의 이름을 다시 물었다.
오늘 오후에 치과에 갈 것을 잊지 마.
너는 다른 비밀번호를 사용해 봐야 한다.
나는 정크푸드를 먹지 않으려고 노력했다.

[Tip 비교!] 그는 TV 보는 것을 멈췄다.
그는 길에서 한 아이를 돕기 위해 멈췄다.

SPEED CHECK

1 ② 2 ②

1 keep은 동명사만을 목적어로 씀
[어휘] on the way home 집으로 가는 길에[도중에]
2 문맥상 '(과거에) …한 것을 잊다'라는 뜻이므로 forget v-ing를 씀
[어휘] onion [명] 양파

PRACTICE TEST

A 1 listening 2 to go 3 to send 4 repeating 5 drawing 6 to arrive
B 1 fighting 2 to hide 3 playing 4 to brush 5 turning off
C 1 love drinking 2 hope to be 3 avoids eating 4 forgot putting her ring

A
1 enjoy v-ing: '…하는 것을 즐기다'
2 wish to-v: '…하기를 바라다'
3 promise to-v: '…하기로 약속하다'
4 mind v-ing: '…하는 것을 꺼리다'
5 finish v-ing: '…하는 것을 끝내다'
6 expect to-v: '…하기를 기대하다'

B
1 stop v-ing: '…하는 것을 멈추다'
2 try to-v: '…하려고 노력하다'
3 practice v-ing: '…하는 것을 연습하다'
4 forget to-v: '(미래에) …할 것을 잊다'
5 remember v-ing: '(과거에) …한 것을 기억하다'

C
1 love v-ing[to-v]: '…하는 것을 무척 좋아하다[사랑하다]' (= love to drink)
2 hope to-v: '…하기를 희망하다'
3 avoid v-ing: '…하는 것을 피하다'
4 forget v-ing: '(과거에) …한 것을 잊다'

REVIEW TEST

pp.36 - 38

01 ④ 02 ③ 03 running 04 to open 05 to go 06 ①, ④ 07 ① 08 ④ 09 learn, learning 10 locking, to lock 11 ③ 12 ④ 13 ④ 14 ④ 15 ① 16 ③ 17 ④ 18 ⑤ 19 1. forget to call 2. Try to practice 20 is no use worrying 21 is worth visiting 22 On seeing 23 not passing the test 24 (S)he (c)ouldn't (h)elp (s)miling (w)hen (s)he (s)aw (t)he (b)aby

01 mind v-ing: '…하는 것을 꺼리다'
02 be good at v-ing: '…하는 것을 잘하다'
03 practice v-ing: '…하는 것을 연습하다'
[어휘] win [동] 이기다 race [명] 경주
04 plan to-v: '…하는 것을 계획하다'
05 decide to-v: '…하는 것을 결심하다[결정하다]'
[어휘] go on a diet 다이어트를 하다
06 like, hate는 목적어로 동명사와 to부정사를 둘 다 쓸 수 있고, wish, want, promise는 목적어로 to부정사만을 쓴다.
07 ① hope to-v: '…하기를 바라다' seeing → to see
08 ④ give up v-ing: '…하는 것을 포기하다'
to teach → teaching
[어휘] jog [동] 천천히 달리다 work out 운동하다 college [명] 대학 interest [명] 관심, 흥미
09 전치사의 목적어로 쓰인 동명사
10 forget v-ing: '(과거에) …한 것을 잊다'
forget to-v: '(미래에) …할 것을 잊다'
11 try v-ing: '(시험 삼아) …하다'
[어휘] copy machine 복사기
12 remember v-ing: '(과거에) …한 것을 기억하다'
13 stop to-v: '…하기 위해 멈추다'
[어휘] rest [동] 쉬다
14 ⓐ 전치사의 목적어로 쓰인 동명사
ⓑ feel like v-ing: '…하고 싶다'
[어휘] be tired of …가 싫증나다

15 ⓐ forget to-v: '(미래에) …할 것을 잊다'
   ⓑ go v-ing: '…하러 가다'
16 ⓐ avoid v-ing: '…하는 것을 피하다'
   ⓑ stop v-ing: '…하는 것을 멈추다'
   어휘 hang out with …와 어울리다　instead 🖳 대신에
17 보기와 ④는 보어, ①, ②는 목적어, ③, ⑤는 주어로 쓰인 동명
   사이다.
   어휘 decorate 동 장식하다, 꾸미다　volleyball 명 배구
        win an award 상을 타다　collect 동 모으다
        headphone 명 헤드폰
18 ① keep v-ing: '계속 …하다' to clean → cleaning
   ② be busy v-ing: '…하느라 바쁘다' to plan → planning
   ③ want to-v: '…하기를 원하다' reading → to read
   ④ remember to-v: '(미래에) …할 것을 기억하다'
   mailing → to mail
   어휘 wedding 명 결혼식　mail 동 우편으로 보내다
19 forget to-v: '(미래에) …할 것을 잊다'
   try to-v: '…하려고 노력하다'
   어휘 contest 명 대회
20 it is no use v-ing: '…해도 소용없다'
21 be worth v-ing: '…할 가치가 있다'
22 on v-ing: '…하자마자'
   어휘 fall in love with …와 사랑에 빠지다
23 전치사의 목적어로 쓰인 동명사
   동명사의 부정: not/never v-ing
24 cannot help v-ing: '…하지 않을 수 없다'
   (=『cannot (help) but+동사원형』)

1 나는 주방에서 스파게티를 만들고 있다.
   그녀는 지금 샌드위치를 만들고 있지 않다.
   Tip 주의! 나는 그가 좋은 사람이라고 생각한다.
             나는 운전하는 법을 배우려고 생각하고[고려하고] 있다.

✓ Grammar UP
1 나는 내일 그를 만날 것이다.
2 그녀는 요즘 요가를 배우고 있다.

2 내가 그의 방에 들어갔을 때 그는 자고 있었다.
   너는 어젯밤에 무엇을 하고 있었니?

SPEED CHECK
1 ③　2 ②

1 과거에 일어나고 있던 일을 나타내는 과거 진행형: 『be동사의 과거형
   +v-ing』
2 현재 일어나고 있는 일을 나타내는 현재 진행형: 『be동사의 현재형
   +v-ing』
   어휘 heavily 🖳 심하게

PRACTICE TEST

A 1 searched　2 will arrive　3 playing　4 was
   5 am working
B 1 to study　2 know
   3 are attending/will attend/are going to attend
   4 is washing
C 1 went　2 are taking　3 will finish　4 was surfing
D 1 will be a scientist
   2 was driving his car
   3 is teaching Chinese

A
1 Yesterday로 보아 과거시제
2 tomorrow afternoon으로 보아 미래시제
3 현재 일어나고 있는 일을 나타내는 현재 진행형: 『be동사의 현재
   형+v-ing』
4 과거에 일어나고 있던 일을 나타내는 과거 진행형: 『be동사의 과거
   형+v-ing』
5 현재 진행형으로 최근에 일어나고 있는 일을 나타낼 수 있음

B
1 미리 정해진 계획을 나타내는 미래시제: 『be going to+동사원형』
2 인지를 나타내는 동사 know는 진행형으로 잘 쓰지 않음

CHAPTER
04 시제

UNIT 1 과거시제, 미래시제, 진행형

pp.40 - 41

A
그의 가족은 몇 년 전에 다른 도시로 이사를 갔다.
Aria는 어제 신나 보였다.

B
1 그는 10시쯤 집에 올 것이다.
   나는 오늘 방과 후에 시내에 갈 것이다.
2 내일 눈이 내릴 것이다.
   그들은 5월에 축제에 갈 것이다.

3 현재 진행형과 미래시제(will, be going to)로 미래에 일어날 일을 나타낼 수 있음

4 현재 일어나고 있는 일을 나타내는 현재 진행형: 『be동사의 현재형 +v-ing』

C

1 last night으로 보아 과거시제

2 현재 진행형으로 최근에 일어나고 있는 일을 나타낼 수 있음

3 미래시제나 주어의 의지를 나타내는 『will+동사원형』

4 과거에 일어나고 있던 일을 나타내는 과거 진행형: 『be동사의 과거형 +v-ing』

UNIT 2 현재완료

pp.42 - 43

Ⓐ

1 그는 그의 스마트폰을 잃어버렸다.
2 그는 그의 스마트폰을 잃어버렸다.

Ⓑ

1 Amy는 예전에 그 남자와 여자를 만난 적이 있다.
  나는 제주도에 가 본 적이 있다.
2 지난해 이래로 우리 학교에 많은 변화가 있어 왔다.
3 그 학생들은 막 경기장에 도착했다.
4 Leo는 회의실을 나갔다.
  그는 제주도에 가고 (지금 여기에) 없다.

Tip 주의! 나는 어제 내가 가장 좋아하는 가수를 봤다.

✓ Grammar UP

1 Jake는 그 지진이 일어났을 때 거기에 2년째 살아 왔었다.
2 Lily는 그녀가 대만에서 샀던 파이 한 상자를 나에게 보냈다.

SPEED CHECK

1 너는 월드컵 경기장에 가 본 적이 있니?
2 그는 그의 ID와 비밀번호를 잊어버렸다.
  (아직 기억하지 못함)
3 나는 3년 동안 콘택트렌즈를 착용해 왔다.
4 Jack은 이미 그 에어컨을 고쳤다.

1 경험을 나타내는 현재완료
2 결과를 나타내는 현재완료
  어휘 password 몡 비밀번호
3 계속을 나타내는 현재완료
4 완료를 나타내는 현재완료
  어휘 repair 동 수리하다

PRACTICE TEST

A 1 has gone 2 has been sick 3 have sold
  4 have used
B 1 have lived 2 went 3 Have you ever been to
  4 haven't checked[didn't check]
C 1 has just finished 2 has been warm
  3 have seen the actor
  4 I have left my umbrella
  5 has owned this house 6 had been abroad

A

1, 3 결과를 나타내는 현재완료
2, 4 계속을 나타내는 현재완료

B

1 계속을 나타내는 현재완료
2 명백하게 과거(in 2015)를 나타내는 말이 있으므로 과거시제
3 경험을 나타내는 현재완료
4 완료를 나타내는 현재완료[과거시제도 가능]

C

1 완료를 나타내는 현재완료
2, 5 계속을 나타내는 현재완료
3 경험을 나타내는 현재완료
4 결과를 나타내는 현재완료
6 경험을 나타내는 과거완료

REVIEW TEST

pp.44- 46

01 ③ 02 ③ 03 ① 04 has started, started
05 was, is 06 ③ 07 ④ 08 ⑤ 09 has lost
10 have already eaten[had] 11 ④ 12 ③ 13
has played computer games 14 slept in her bed
15 ② 16 ④ 17 ⓑ No, I haven't. 18 ⑤ 19 have
ridden a roller coaster 20 haven't read the article yet
[didn't read the article yet] 21 had driven the car for
10[ten] years 22 ③

01 과거에 일어나고 있던 일을 나타내는 과거 진행형: 『be동사의 과거형+v-ing』
  어휘 bake 동 (빵 등을) 굽다
02 경험을 나타내는 현재완료 have been to: '…에 가 본 적이 있다'

03 결과를 나타내는 현재완료 have gone to: '…에 가고 (지금 여기에) 없다'

04 명백하게 과거를 나타내는 two weeks ago가 있으므로 과거시제를 쓴다.

05 현재 진행형(『be동사의 현재형+v-ing』)으로 최근(these days)에 일어나고 있는 일을 나타낼 수 있다.

06 과거부터 현재까지 알아 온 것이므로 계속을 나타내는 현재완료를 사용하여 They have known each other for five years.로 쓸 수 있다. 따라서 ③ knew가 아니라 known이 와야 한다.

07 과거에 일어나고 있던 일을 나타내므로 과거 진행형을 쓴다.

08 ⓐ 경험을 나타내는 현재완료
ⓑ last month로 보아 과거시제

09 결과를 나타내는 현재완료

10 완료를 나타내는 현재완료

11 ④ 과거(last year)부터 현재까지 계속되는 상황을 나타내므로 계속을 나타내는 현재완료를 쓴다. taught → has taught
또는 since를 삭제하면 명백하게 과거(last year)를 나타내므로 과거시제를 유지할 수 있다. since last year → last year

12 ③ 현재 진행형은 미래(this weekend)를 나타내는 말과 함께 쓰여 가까운 미래에 계획한 일을 나타낼 수 있다. was → is
또는 미래시제 『will/be going to+동사원형』을 쓸 수 있다. was visiting → will visit/is going to visit

13 4시부터 현재인 6시에도 컴퓨터 게임을 하고 있으므로 계속을 나타내는 현재완료를 쓴다.

14 2시에 잠들어 현재인 5시에는 깬 상태이므로 과거시제를 쓴다.

15 보기와 ②는 경험, ①은 완료, ③은 결과, ④, ⑤는 계속을 나타내는 현재완료이다.

16 보기와 ④는 완료, ①, ③은 경험, ②는 계속, ⑤는 결과를 나타내는 현재완료이다.
[어휘] temple [명] 사원, 절

17 별똥별을 본 경험이 있는지 묻고 답하는 대화로, 현재완료 의문문에 대한 답이 와야 하므로 ⓑ No, I wasn't.를 No, I haven't.로 고쳐 쓴다.
[어휘] shooting star 별똥별, 유성 amazing [형] 놀라운
[해석]
A: 너는 별똥별을 본 적이 있니?
B: 아니, 본 적 없어. 너는?
A: 나는 그것을 한 번 본 적이 있어. 해변에서 그것을 보는 것은 놀라운 경험이었어.

18 ⑤ 노래 대회가 다음 주에 있으므로 현재 진행형을 사용하여 최근에 일어나고 있는 일을 나타낸다. was → am
[어휘] stomachache [명] 위통, 복통 go on a diet 식이 요법을 하다

19 경험을 나타내는 현재완료 / ride-rode-ridden

20 완료를 나타내는 현재완료[과거시제도 가능]
[어휘] article [명] 기사

21 계속을 나타내는 과거완료

22 계속을 나타내는 현재완료

CHAPTER 05 조동사

UNIT 1 can, may, will

pp.48 - 49

1 1) Lexa는 이 무거운 상자를 옮길 수 있지만 나는 할 수 없다.
2) 너는 지금 집에 가도 좋다.
3) 저를 좀 도와주시겠어요?

2 1) Peter는 올지도 모르고 안 올지도 모른다.
2) 너는 저쪽에 있는 프린터를 사용해도 좋다.
제가 메시지를 남겨 드릴까요?

3 1) 나는 오늘 오후에 숙제를 할 것이다.
2) 문 좀 닫아 줄래요?
3) 커피 한잔 마시지 않겠어요?
[Tip 비교!] 우리 오늘 오후에 만날래?

SPEED CHECK

1 ① 2 ⑤

1 『can+동사원형』: '…할 수 있다' (능력·가능)
2 will이 미래를 뜻할 때 be going to로 바꿔 쓸 수 있음

PRACTICE TEST

A 1 spend 2 to jump 3 to buy 4 live[be living]
5 show 6 lend 7 may not snow
B 1 can 2 May/Can[Could] 3 won't[will not]
4 may
C 1 was not able to repair 2 may need
3 Will[Would]/Can[Could] you tell
4 may not be true

A

1, 4-6 『조동사+동사원형』
2 『be able to+동사원형』
3 『be going to+동사원형』
7 조동사의 부정: 『조동사+not』

B

1 can이 능력·가능을 뜻할 때 be able to로 바꿔 쓸 수 있음
2 허가를 나타내는 may, can[could]
3 will이 미래를 뜻할 때 be going to로 바꿔 쓸 수 있음
4 약한 추측을 나타내는 may

C

1 be able to의 부정: be not able to
2 약한 추측을 나타내는 may
3 『Will[Would] / Can[Could] you+동사원형 ...?』: '…해 주겠어요?'
4 조동사의 부정: 『조동사+not』

UNIT 2 must, should

pp.50 - 51

1 1) 학생들은 수업 중에 그들의 휴대 전화를 꺼야 한다.
너는 부모님께 거짓말해서는 안 된다.

[Tip 주의!] 우리는 그 기한까지 우리의 신청서를 제출해야 한다.
누군가가 내 컴퓨터를 해킹했다. 나는 비밀번호를 바꿔야 했다.

Grammar UP
1 여러분은 비행기에서 담배를 피워서는 안 된다.
2 나는 오늘 학교에 갈 필요가 없다.

2) Jimmy는 지금 집에 있는 게 틀림없다.

[Tip 주의!] Jimmy는 지금 집에 있을 리가 없다.

2 우리는 언제나 안전벨트를 매야 한다.
너는 실내에서 뛰어다녀서는 안 된다.

SPEED CHECK

1 ① 2 ② 3 ①

1 강한 추측을 나타내는 must: '…임이 틀림없다'
[어휘] genius [명] 천재
2 의무를 나타내는 have to: '…해야 한다'
3 should not: '…해서는 안 된다'
[어휘] soft drink 청량음료

PRACTICE TEST

A 1 must not 2 to cancel 3 must 4 don't have to
B 1 don't need to 2 have to 3 must
4 can't[cannot]
C 1 must be 2 should / must exercise
3 must / should not make 4 had to go
5 don't have[need] to buy

A

1 must not: '…해서는 안 된다' (강한 금지)
2 must/have to의 과거 had to: '…해야 했다'
3 강한 추측('…임이 틀림없다')을 나타내는 must
4 don't have to: '…할 필요가 없다'

B

1 don't have to: '…할 필요가 없다' (불필요, = don't need to/ need not)
2 must가 의무를 뜻할 때 have to로 바꿔 쓸 수 있음
3 강한 추측('…임이 틀림없다')을 나타내는 must
4 강한 추측의 부정('…일 리가 없다')을 나타내는 can't[cannot]

UNIT 3 would like to, had better, used to

pp.52 - 53

1 당신의 도움에 감사드리고 싶습니다.
저와 함께 춤추실래요?
2 너는 건강에 좋은 음식을 먹는 게 좋겠다.
나는 저축을 시작하는 게 좋겠다.

[Tip 주의!] 너는 네 시간을 낭비하지 않는 게 좋겠다.

3 1) 내 친구들과 나는 겨울에 스케이트를 타곤 했다.
Anna는 매일 조깅하곤 했다.
2) 이곳에 오래된 성이 하나 있었다.

[Tip 주의!] 나는 초밥을 먹지 않았었지만, 지금은 먹는다.
너는 그 가수를 좋아하지 않았었잖아, 그렇지?

Grammar UP
나는 점심 후에 산책하곤 했다.
길모퉁이에 미용실이 하나 있었다.

SPEED CHECK

1 ② 2 ③

1 과거의 상태를 나타내는 used to: '…이었다'
2 had better의 부정: had better not

PRACTICE TEST

A 1 had better 2 to wish 3 better not 4 to visit
5 used to
B 1 had better 2 used to 3 would like to
C 1 우리는 오늘 밤 낚시하러 가지 않는 게 좋겠다.
2 나는 귀여운 강아지를 한 마리 갖고 싶다.
3 Linda는 그녀가 어렸을 때 이 강에서 수영하곤 했다.

A

1 had better: '…하는 게 좋겠다' (강한 충고나 권고)

2 would like to: '…하고 싶다'

3 had better의 부정: had better not

4 used to: '…하곤 했다' (과거의 습관)

5 used to: '…이었다' (과거의 상태)

REVIEW TEST
pp.54 - 56

01 ④   02 ③   03 ⑤   04 1) must not park 2) can't
[cannot] eat 3) have to wear   05 ①   06 ④   07 had
08 Would   09 to   10 ⑤   11 ④   12 must be
13 would play   14 ④   15 ①   16 ⑤   17 had not
better, had better not   18 preparing, prepare   19 ④
20 ③   21 used to be   22 can't[cannot] be the thief
23 The children are able to solve the problem. / 그 아
이들은 그 문제를 풀 수 있다.

01 used to: '…하곤 했다' (과거의 습관)

02 should: '…해야 한다'
   어휘 scissors 몡 (pl.) 가위   sharp 혱 날카로운

03 don't need to[don't have to/need not]: '…할 필요가 없다'
   어휘 set 동 놓다; *(기기를) 맞추다   alarm clock 자명종

04 1) must not: '…해서는 안 된다' (강한 금지)
   어휘 area 몡 지역   park 동 주차하다
   2) 허가를 나타내는 can의 부정 can't[cannot]: '…할 수 없다'
   3) have to: '…해야 한다'
   어휘 swimming cap 수영 모자

05 ①의 must는 강한 추측('…임이 틀림없다')을, 나머지는 의무
   ('…해야 한다')를 나타낸다.
   어휘 late fee 연체료   medicine 몡 약
        driver's license 운전면허증

06 ④의 may는 약한 추측('…일지도 모른다')을, 나머지는 허가
   ('…해도 좋다')를 나타낸다.
   어휘 dead 혱 죽은; *(기계 등이) 작동을 안 하는

07 • had better: '…하는 게 좋겠다'
   • had to: '…해야 했다'
   어휘 yellow dust 황사

08 • would like to: '…하고 싶다'
   • 『Would[Will] you+동사원형 …?』: '…해 주겠어요?' (요청)

09 • used to: '…하곤 했다' (과거의 습관)
   • be able to: '…할 수 있다' (능력·가능)

10 ⑤ should는 '…해야 한다'라는 뜻의 의무를 나타내는 조동사로,
   We should be careful not to catch a cold.로 쓸 수 있다.
   ① → May I come in?
   ② → I won't give up the plan.
   ③ → You need not come tomorrow.
   ④ → The boy and the girl must be twins.
   어휘 twin 몡 (pl.) 쌍둥이

11 빈칸에는 의무나 충고를 나타내는 조동사가 알맞다. '…하고 싶
   다'라는 뜻의 would like to는 문맥상 자연스럽지 않다.
   어휘 lie 동 거짓말하다

12 강한 추측을 나타내는 must: '…임이 틀림없다'

13 would: '…하곤 했다' (= used to)
   어휘 anymore 퇸 이제, 더 이상

14 can이 능력·가능을 나타낼 때 be able to로 바꿔 쓸 수 있다.

15 don't have to: '…할 필요가 없다' (= need not/don't
   need to)
   어휘 knock 동 (문 등을) 두드리다   come in 들어오다

16 ⓐ must: '…임이 틀림없다' (강한 추측)
   ⓑ used to: '…하곤 했다' (과거의 습관)
   어휘 stylish 혱 유행을 따른

17 had better의 부정: had better not
   어휘 worry 몡 걱정(거리)

18 be going to: '…할 것이다'

19 ④ 『Shall we+동사원형 …?』: '…하지 않겠어요?' (제안)
   to have → have
   어휘 blame oneself 자신을 책망하다

20 ③ had better: '…하는 게 좋겠다' (강한 충고나 권고)
   to thank → thank
   어휘 agree 동 동의하다   on time 시간을 어기지 않고, 정각에
        pick up …을 (차로) 태워 가다

21 used to: '…이었다' (과거의 상태)

22 can't[cannot]: '…일 리가 없다' (강한 추측을 나타내는 must
   의 부정)

23 be able to: '…할 수 있다'
   어휘 solve 동 풀다, 해결하다

CHAPTER
06 수동태

UNIT 1   능동태와 수동태

pp.58 - 59

A

2 많은 나라들이 미국 달러를 사용한다.

미국 달러는 많은 나라들에 의해 사용된다.

B

1 내 여동생이 우유를 쏟았다.
→ 우유가 내 여동생에 의해 쏟아졌다.
Ashley가 이 모형 비행기를 지난주에 만들었다.
→ 이 모형 비행기는 지난주에 Ashley에 의해 만들어졌다.

2 오늘은 그가 점심을 요리할 것이다.
→ 오늘 점심은 그에 의해 요리될 것이다.
그 디자이너가 패션쇼를 열 것이다.
→ 패션쇼는 그 디자이너에 의해 열릴 것이다.

3 나는 지금 네 컴퓨터를 수리하고 있다.
→ 네 컴퓨터가 지금 나에 의해 수리되고 있다.
그 간호사가 네 이름을 부르고 있었다.
→ 네 이름이 그 간호사에 의해 불리고 있었다.

SPEED CHECK

1 ④ 2 ⑤

1 과거시제 수동태: 『be동사의 과거형+v-ed』
어휘 invent ⑧ 발명하다
2 미래시제 수동태: will be v-ed

PRACTICE TEST

A **1** closed
2 will be cleaned
3 were drawn
4 is being downloaded
B **1** wrote → written
2 doing → done
3 is elect → is elected 또는 was elected
4 are be given → are given 또는 are being given
C **1** The beautiful tower was built by an Itailan artist
2 My favorite love song will be sung by Ted.
3 Mr. Brown is respected by many students.
4 A new superhero movie is being made by the director.
D **1** was broken by
2 is visited by
3 will be repaired by

A

1 주어가 행위를 직접 하는 것을 나타내므로 능동태
2 미래시제 수동태: will be v-ed

3 과거시제 수동태: 『be동사의 과거형+v-ed』
4 진행형 수동태: 『be동사+being v-ed』

<hr>

UNIT 2   수동태의 여러 형태

pp.60 - 61

A

1 그 바이올린은 나에 의해 연주되지 않았다.
2 이 창문은 Serena에 의해 깨졌니?
3 그 생선은 냉장고에 보관되어야 한다.

B

1 Wilson 선생님은 우리에게 영문법을 가르치신다.
→ 우리는 Wilson 선생님에 의해 영문법을 배운다.
→ 영문법은 Wilson 선생님에 의해 우리에게 가르쳐진다.

Tip 주의! 나는 남동생에게 책 한 권을 사 주었다.
→ 책 한 권이 나에 의해 남동생에게 사 주어졌다.

2 1) 그 커플은 그 고양이를 Muffin이라고 이름 지었다.
→ 그 고양이는 그 커플에 의해 Muffin이라고 이름 지어졌다.
Peter는 Mary에게 빵을 좀 사달라고 부탁했다.
→ Mary는 빵을 좀 사달라고 Peter에 의해 부탁받았다.
2) 그녀의 어머니는 Kate가 팝송을 부르는 것을 들었다.
→ Kate가 팝송을 부르는 것이 그녀의 어머니에 의해 들렸다.
3) 엄마가 내가 불을 끄게 했다.
→ 나는 엄마에 의해 불을 끄도록 시켜졌다.

SPEED CHECK

④

make가 사역동사일 때 목적격 보어로 쓰인 동사원형은 수동태 문장에서 to부정사로 바꿈
어휘 homeroom teacher 담임 선생님   apologize ⑧ 사과하다

PRACTICE TEST

A **1** to pay   **2** calling   **3** was not changed   **4** Was
5 to
B **1** didn't → wasn't
2 for → to
3 ride → riding[to ride]
4 following → to follow
C **1** should be taken by you
2 I was told to avoid fried foods by the doctor.
3 Was this picture taken by the photographer?

D 1 can be made **2** was painted white
  3 was allowed to eat dessert

A

1 make가 사역동사일 때 목적격 보어로 쓰인 동사원형은 수동태 문장에서 to부정사로 바꿈
2 지각동사의 목적격 보어로 쓰인 동사원형은 수동태 문장에서 현재분사나 to부정사로 바꿈
  (← My sister heard him call my name.)
3 수동태의 부정: 『be동사+not v-ed』
4 수동태의 의문문: 『be동사+주어+v-ed?』
5 4형식 문장의 직접목적어를 주어로 하는 수동태로, 동사가 give일 때 간접목적어 앞에 전치사 to를 씀

B

1 수동태의 부정: 『be동사+not v-ed』
2 4형식 문장의 직접목적어를 주어로 하는 수동태로, 동사가 show일 때 간접목적어 앞에 전치사 to를 씀
3 지각동사의 목적격 보어로 쓰인 동사원형은 수동태 문장에서 현재분사나 to부정사로 바꿈
4 make가 사역동사일 때 목적격 보어로 쓰인 동사원형은 수동태 문장에서 to부정사로 바꿈

C

1 조동사의 수동태: 『조동사+be v-ed』
2 대부분 5형식 문장은 수동태 전환 시 목적격 보어(to avoid fried foods)를 그대로 둠
3 수동태의 의문문: 『be동사+주어+v-ed?』

UNIT 3 주의해야 할 수동태

pp.62 - 63

1 캐나다 퀘벡에서는 프랑스어가 사용된다.
  영화제가 부산에서 열리고 있다.
  많은 젊은이들이 그 전쟁에서 죽임을 당했다.
2 그 의사가 그 아이를 돌보았다.
  그 아이는 그 의사에 의해 돌보아졌다.
3 1) 그가 갑자기 어둠 속으로 사라졌다.
  2) 그 할리우드 스타는 아주 비싼 차를 가지고 있다.
4 나의 아들은 대중음악에 관심이 있다.

SPEED CHECK

1 ④ **2** ②

1 동사구는 수동태로 바꿀 때 하나의 동사로 묶어서 취급

---

2 be interested in: '···에 관심이 있다'

어휘 protect ⑧ 보호하다 **environment** ⑨ 환경

PRACTICE TEST

A 1 run over → run over by **2** of → to **3** in → with
  4 → My sister resembles my mother.
  5 put off → was put off
B 1 with **2** at **3** with
C 1 was brought up by wolves
  2 will be asked for by Mike
  3 are looked down on by many software companies
D 1 were covered with dust **2** was looked after by
  3 were made use of by the artists

A

1, 5 동사구는 수동태로 바꿀 때 하나의 동사로 묶어서 취급
2 be known to: '···에게 알려지다'
3 be pleased with: '···로 즐거워하다'
4 '···을 닮다'의 뜻인 resemble은 수동태로 쓰지 않음

B

1 be satisfied with: '···에 만족하다'
2 be surprised at: '···에 놀라다'
3 be filled with: '···로 가득 차다'

C

동사구는 수동태로 바꿀 때 하나의 동사로 묶어서 취급

D

1 be covered with: '···로 덮여 있다'

REVIEW TEST

pp.64 - 66

01 ⑤ **02** ⑤ **03** ④ **04** kept, was kept **05** pass, passing[to pass] **06** The stadium will be designed by an American company. **07** ① **08** ④ **09** ③ **10** were sent to Grace by **11** will be looked after by **12** was advised to get some exercise **13** is filled with **14** is covered with **15** ⑤ **16** ③ **17** ③ **18** ② **19** ② **20** was not painted **21** Was this product asked for **22** might be being baked **23** ①, ④ **24** ④

01 조동사의 수동태: 『조동사+be v-ed』
어휘 check (동) 점검하다

02 수동태의 부정: 『be동사+not v-ed』
어휘 farmer (명) 농부　plant (동) 심다

03 4형식 문장의 직접목적어를 주어로 하는 수동태로, 동사가 make일 때 간접목적어 앞에 전치사 for를 쓴다.
어휘 wooden (형) 나무로 된

04 과거시제 수동태: 『be동사의 과거형+v-ed』
어휘 fur (명) 털

05 지각동사의 목적격 보어로 쓰인 동사원형은 수동태 문장에서 현재분사나 to부정사로 바꾼다.
어휘 ambulance (명) 구급차　far away 멀리

06 will을 이용하여 요청하는 말에 대해 긍정으로 답하고 있는 것으로 보아, 대화의 빈칸에 조동사 will이 와야 한다. 미래시제 수동태는 will be v-ed로 쓴다.
어휘 company (명) 회사　stadium (명) 경기장
　　　design (동) 설계하다

07 • be covered with: '…로 덮여 있다'
• be pleased with: '…로 즐거워하다'

08 • be known to: '…에게 알려지다'
• 4형식 문장의 직접목적어를 주어로 하는 수동태로, 동사가 tell일 때 간접목적어 앞에 전치사 to를 쓴다.

09 ③ 행위자가 막연한 일반인일 때 수동태 문장에서 『by+행위자』를 생략할 수 있다.
어휘 bite (동) 물다 (bit-bitten)　grade (동) 성적을 매기다

10 4형식 문장의 직접목적어를 주어로 하는 수동태로, 동사가 send일 때 간접목적어 앞에 전치사 to를 쓴다.

11 미래시제 수동태는 will be v-ed이며, 동사구는 수동태로 바꿀 때 하나의 동사로 묶어서 취급한다.

12 대부분 5형식 문장은 수동태 전환 시 목적격 보어를 그대로 둔다.
어휘 advise (동) 충고하다, 조언하다

13 be filled with: '…로 가득 차다'

14 be covered with: '…로 덮여 있다'

15 조동사의 수동태: 『조동사+be v-ed』
어휘 cure (동) 낫게 하다, 치유하다　pill (명) 알약

16 make가 사역동사일 때 목적격 보어로 쓰인 동사원형은 수동태 문장에서 to부정사로 바꾼다.
어휘 flute (명) 플루트

17 ③ 동사구는 수동태로 바꿀 때 하나의 동사로 묶어서 취급한다.
was taken care → was taken care of
어휘 soldier (명) 군인, 병사　cheerful (형) 발랄한, 쾌활한

18 ② '…에 어울리다'라는 뜻의 become은 수동태로 쓰지 않는다.
is become → becomes
어휘 package (명) 소포　talk to oneself 혼잣말하다
　　　destroy (동) 파괴하다　storm (명) 폭풍(우)

19 (A) happen과 같이 목적어가 필요 없는 동사는 수동태로 쓰지 않음

(B) 『by+행위자』가 있는 것으로 보아, 수동태 『be동사+과거분사(v-ed)』
(C) 과거시제 수동태: 『be동사의 과거형+v-ed』
[해석]
A: 어제 여기에서 사고가 있었어.
B: 무슨 일이었니?
A: 차 한 대가 기차에 의해 들이받혔어.
B: 그거 끔찍하구나! 운전자가 다쳤니?
A: 응. 그는 병원으로 실려 갔어.

20 수동태의 부정: 『be동사+not v-ed』

21 동사구(ask for)의 수동태
어휘 product (명) 제품, 상품

22 조동사의 진행형 수동태: 『조동사+be being v-ed』

23 4형식 문장은 두 가지 수동태가 가능하며, 직접목적어를 주어로 수동태를 만들 때는 동사가 give이므로 전치사 to를 간접목적어 앞에 쓴다.

24 ④ 동사구(laugh at)의 수동태
laughed by his friends at → laughed at by his friends
어휘 omelet (명) 오믈렛　bridge (명) 다리
　　　silly (형) 어리석은; *유치한

CHAPTER
07 분사

UNIT 1 현재분사와 과거분사

pp.68 - 69

B

1

현재분사	과거분사
1) 신나는 뮤지컬	1) 구운 감자 두 개
2) 잠자고 있는 개	2) 떨어진 나뭇잎

Tip 주의! 학교에 오고 있는 사람 / 영어로 쓰인 책

2

현재분사
대학 생활은 신나 보인다.
나는 Jake가 내게 손을 흔드는 것을 보았다.

과거분사
너는 걱정스러워 보인다.
그녀는 병원에서 그녀의 위가 검사되도록 했다.

3

현재분사
Ann은 지금 통화 중이다.
과거분사
내 여동생이 방금 집에 왔다. 그 곡은 Tim에 의해 쓰였다.

Grammar UP

그 식사는 만족스러웠다. / 그것은 만족스러운 식사였다.
나는 만족했다. / 만족한 고객들이 많다.

SPEED CHECK

1 ③ 2 ④ 3 ③

1 뒤에서 명사(a boy)를 꾸며주며 능동·진행('잡고 있는')을 나타내는 현재분사
2 앞에서 명사(child)를 꾸며주며 수동('버릇없이 자란')을 나타내는 과거분사
[어휘] spoil [동] 망치다; *(아이를) 버릇없게 키우다
3 주어(She)가 감정을 느끼므로 주격 보어로 과거분사를 씀
[어휘] score [명] 점수

PRACTICE TEST

A 1 making 2 shocked 3 broken 4 barking
5 painted 6 shut
B 1 standing 2 interesting 3 tired 4 built
5 made
C 1 hidden message 2 a puppy called Toto
3 climbing the tree
4 boring person, become bored

A

1 진행형을 만드는 현재분사
2 주어(I)가 감정을 느끼므로 주격 보어로 과거분사를 씀
3 앞에서 명사(pieces)를 꾸며주며 수동('깨진')을 나타내는 과거분사
4 앞에서 명사(dog)를 꾸며주며 능동·진행('짖고 있는')을 나타내는 현재분사
5 뒤에서 명사(a work of art)를 꾸며주며 수동('그려진')을 나타내는 과거분사
6 목적격 보어로 쓰여 수동('닫힌')을 나타내는 과거분사

B

1 뒤에서 명사(the man)를 꾸며주며 능동·진행('서 있는')을 나타내는 현재분사
2 꾸며지는 명사(book)가 감정을 일으키므로 현재분사
3 주어(I)가 감정을 느끼므로 주격 보어로 과거분사를 씀
4-5 뒤에서 명사(the house/a watch)를 꾸며주며 수동('지어진'/'만들어진')을 나타내는 과거분사

C

1 앞에서 명사(message)를 꾸며주며 수동('숨겨진')을 나타내는 과거분사
2 뒤에서 명사(a puppy)를 꾸며주며 수동('불리는')을 나타내는 과거분사
3 뒤에서 명사(that squirrel)를 꾸며주며 능동·진행('오르고 있는')을 나타내는 현재분사
4 꾸며지는 명사(person)가 감정을 일으키므로 현재분사 /
주어(I)가 감정을 느끼므로 주격 보어로 쓰인 과거분사

UNIT 2 현재분사와 동명사

pp.70 - 71

현재분사
우리는 날아가고 있는 새를 보았다. 그 게임은 신나 보인다. 그녀는 지금 점심을 먹고 있다.
동명사
모델이 되는 것이 그녀의 꿈이다. 나는 거울을 보는 것을 좋아한다. 내 임무는 그 식물들을 돌보는 것이었다.

1 1) Mike가 전화하며 울고 있다.
2) 내 취미 중 하나는 록 음악을 듣는 것이다.
2 1) 수영하고 있는 남자를 봐.
돌고래들과 수영하고 있는 남자가 내 남자친구이다.
2) 그의 집에는 수영장이 있다.

SPEED CHECK

1 현재분사 2 현재분사 3 동명사 4 동명사

1 뒤에서 명사(The monkey)를 꾸며주는 현재분사
2 진행형을 만드는 현재분사
3-4 용도나 목적을 나타내는 동명사

PRACTICE TEST

A 1 growing 2 shining 3 throwing 4 playing
B 1 sit → sitting 2 cry → crying 3 take → taking
4 wait → waiting 5 run → running

C 1 burning building   2 a flight leaving
   3 is doing his homework
   4 Learning a foreign language   5 boiling water

A

1 enjoy의 목적어로 쓰인 동명사
2 앞에서 명사(stars)를 꾸며주는 현재분사
3 뒤에서 명사(The boy)를 꾸며주는 현재분사
4 보어로 쓰인 동명사

B

1 뒤에서 명사(the little child)를 꾸며주는 현재분사
2 앞에서 명사(baby)를 꾸며주는 현재분사
3 진행형을 만드는 현재분사
4-5 용도나 목적을 나타내는 동명사

C

1, 5 앞에서 명사(building/water)를 꾸며주는 현재분사
2 뒤에서 명사(a flight)를 꾸며주는 현재분사
3 진행형을 만드는 현재분사
4 주어로 쓰인 동명사

UNIT 3 분사구문

pp.72 - 73

B

그 소식을 들었을 때 그는 울음을 터뜨렸다.

Tip 주의 비밀번호를 몰라서 나는 그 웹사이트에 로그인할 수 없었다.

C

1 공항에 도착했을 때 그녀는 그녀의 휴대 전화를 켰다.
2 소파에 앉아서 나는 TV를 보았다.
3 운동을 규칙적으로 했기 때문에 나는 매우 건강했다.
4 이 버스를 타면 너는 서울역에 도착할 것이다.
5 열이 났지만 그는 병원에 가지 않았다.

SPEED CHECK

1 Sandra를 기다리는 동안/기다리면서 나는 Jake와 차를 마셨다.
2 가난했기 때문에/가난했을 때 그는 비싼 차를 살 수 없었다.
3 나는 아기를 안고서 아기에게 노래를 불러 주었다.

1 (← While/As I waited for Sandra, ...)
2 (← Because[As/Since]/ When he was poor, ...)
3 (← As I held the baby, ...)

PRACTICE TEST

A 1 Cleaning my room   2 Smiling brightly
   3 Not knowing what to say
B 1 Because[As/Since]/After I walked in the rain
   2 As/While/When/After/Before I shopped online
   3 If/When you meet her
   4 Though he had a lot of work
C 1 Not feeling well   2 Listening to classical music
   3 Waiting for his friend
   4 Running to the bus stop

A

분사구문 만드는 법: 부사절과 주절의 주어가 같을 때 부사절의 접속사
와 주어를 생략하고, 동사를 현재분사(v-ing)로 바꿈
3 분사구문의 부정: 『not/never+분사』

B

1 문맥상 이유, 원인이나 때를 나타내는 분사구문
2 문맥상 동시동작이나 때를 나타내는 분사구문
3 문맥상 조건이나 때를 나타내는 분사구문
4 양보를 나타내는 분사구문

REVIEW TEST

pp.74 - 76

01 ⑤   02 ③   03 ④   04 Though living in a city
05 Being young   06 Holding my hand   07 ②, ③   08
② 09 ③   10 ②   11 Lived, Living   12 disappointing,
disappointed   13 Getting up not, Not getting up
14 1) cutting the cake   2) giving some flowers
3) hung   15 ③   16 ③   17 ③   18 ④   19 (A) When I
woke up, I heard someone calling my name. (B)
Waking up, I heard someone calling my name.   20
looked surprised   21 Trying your best   22 Writing a
science report

01 목적격 보어로 쓰여 수동('고장 난')을 나타내는 과거분사
    어휘 necklace ⑱ 목걸이

02 주어(to see 이하)가 감정을 일으키므로 현재분사

03 때/동시동작을 나타내는 분사구문 (← When/While/As you
    take a walk, ...)
    어휘 take a walk 산책하다

04-06 분사구문 만드는 법: 부사절과 주절의 주어가 같을 때 부사절
       의 접속사와 주어를 생략하고, 동사를 현재분사로 바꾼다. 양보
       를 나타내는 분사구문에서는 주로 접속사를 남겨 둔다.

어휘 country 명 나라; *시골   keep v-ing 계속 …하다

07 ② 분사구문의 부정은 『not/never+분사』로 쓴다.
③ seeing은 분사구문을 이루는 현재분사로, 밑줄 친 부분은 부사구이다.

08 주어(It)가 감정을 일으키므로 주격 보어로 현재분사를 쓴다.

09 주어(I)가 감정을 느끼므로 주격 보어로 과거분사를 쓴다.

10 ② 문맥상 동시동작을 나타내는 접속사(As)가 자연스럽다.
어휘 hill 명 언덕

11 이유를 나타내는 분사구문
(← As[Because/Since] I live near his house, ...)

12 주어(I)가 감정을 느끼므로 주격 보어로 과거분사를 쓴다.

13 분사구문의 부정: 『not/never+분사』
어휘 on time 시간을 어기지 않고, 정각에   interview 명 면접

14 1)~2) 뒤에서 명사(The girl/The boy)를 꾸며주며 능동·진행('자르고 있는'/'주고 있는')을 나타내는 현재분사
3) 뒤에서 명사(a birthday sign)를 꾸며주며 수동('걸려 있는')을 나타내는 과거분사

15 ③은 주어로 쓰인 동명사, 나머지는 분사구문으로 쓰인 현재분사
어휘 aloud 부 큰소리로   honest 형 정직한
academy 명 (특수 분야의) 학교

16 ⓐ 뒤에서 명사(Most of the people)를 꾸며주며 수동('초대된')을 나타내는 과거분사
ⓑ 뒤에서 명사(many reporters)를 꾸며주며 능동·진행('기다리고 있는')을 나타내는 현재분사
어휘 relative 명 친척   reporter 명 기자

17 ⓐ 주격 보어로 쓰인 현재분사
ⓑ 뒤에서 명사(The blue truck)를 꾸며주며 수동('주차된')을 나타내는 과거분사

18 ④ 문맥상 수동('잃어버린')이 자연스러우므로 과거분사를 쓴다.
losing → lost
어휘 advice 명 충고, 조언

19 (A) At the moment로 보아, 때를 나타내는 접속사 when을 사용하여 두 문장을 한 문장으로 연결한다.
(B) 부사절과 주절의 주어가 같으므로 부사절의 접속사(When)와 주어(I)를 생략하고 동사(woke)를 현재분사로 바꾼다.
어휘 wake up (잠에서) 깨다, 일어나다

20 주어(He)가 감정을 느끼므로 주격 보어로 과거분사를 쓴다.
어휘 reply 명 대답, 응답

21 조건을 나타내는 분사구문 (← If you try your best, ...)
어휘 try one's best …의 최선을 다하다
achieve 동 성취하다, 이루다

22 때를 나타내는 분사구문 (← After I wrote a science report, ...)

20

CHAPTER 08 대명사

UNIT 1 부정대명사 I

pp.78 - 79

1 1) 나는 내 휴대 전화를 잃어버려서 새것을 샀다.
Tip 비교! 나는 내 휴대 전화를 잃어버렸지만, 그러고 나서 그것을 찾았다.
2) 그의 집에는 방이 세 개 있다. 큰 것 하나와 작은 것 두 개이다.

2 차 좀 마시겠어요? – 예, 조금 마실게요.
아이디어가 좀 있니? – 아니, 전혀 없어.

3 1) 모두가 피곤했다. / 모든 것이 조용하다.
2) 우리 반 친구들 모두가 나를 좋아한다. / 모든 일이 끝났다.

4 나에게는 사촌이 둘 있다. 그들은 둘 다 시드니에 산다.
우리 부모님 두 분 다 과학자이다.
Tip 비교! 우리 아버지와 어머니는 두 분 다 과학자이다.

5 각각의 나라는 그들만의 국기가 있다.
그들 각각은 다른 국가 출신이다.
Tip 비교! 모든 소녀는 자신만의 방을 갖고 싶어 한다.

SPEED CHECK

1 ①   2 ③

1 앞서 언급된 명사와 같은 종류나 불특정한 것을 나타낼 때 one을 씀 (one = a large umbrella)
2 '조금', '몇몇[약간]의'의 뜻인 any는 주로 부정문에 씀

PRACTICE TEST

A 1 are 2 some 3 are 4 any 5 has 6 one
B 1 is → are 2 some → any 3 wear → wears
4 have → has
C 1 it 2 it 3 one 4 one, ones
D 1 Both science and art are 2 Each of us has
3 All of them were eating
4 There are some problems

A
1 both는 복수 취급
2 권유문에 주로 쓰는 some
3 『all (of)+(대)명사』는 (대)명사의 수에 동사를 일치시킴
4 부정문에 주로 쓰는 any
5 『every+단수명사+단수동사』

6 앞서 언급된 명사와 같은 종류이나 불특정한 것을 나타낼 때 one 을 씀 (one = a cookie)

B

1 both A and B: 'A와 B 둘 다'의 뜻으로, 복수 취급
2 의문문이나 부정문에 주로 쓰는 any
3 『each+단수명사+단수동사』
4 『every+단수명사+단수동사』

C

1-2 앞서 언급된 특정한 사물을 가리킬 때 it을 씀
(it = the bus / this yellow shirt)
3 앞서 언급된 명사와 같은 종류이나 불특정한 것을 나타낼 때 one 을 씀 (one = a bakery)
4 앞서 나온 명사를 받을 때 one을 씀 (one = hairpin)

D

1 both A and B: 'A와 B 둘 다'의 뜻으로, 복수 취급
2 each는 단수 취급
3 『all (of)+(대)명사』는 (대)명사의 수에 동사를 일치시킴
4 긍정문에 주로 쓰는 some

UNIT 2 부정대명사 II

pp.80 - 81

1 나는 이 책이 마음에 들지 않아. 또 하나 다른 것을 추천해 줘.
나는 내 방에 또 한 대의 컴퓨터가 필요하다.
주스 한 잔 더 하시겠어요?
2 Chloe가 나에게 두 벌의 치마를 주었다. 하나는 짧고, 다른 하나는 길다.
나는 애완동물이 두 마리 있다. 하나는 이구아나이고, 다른 하나는 토끼이다.

> **Tip 비교!** 나는 친한 친구가 세 명 있다. 한 명은 중국인이고, 다른 한 명은 프랑스인이고, 나머지 한 명은 이탈리아인이다.

3 어떤 사람들은 댄스 음악을 좋아하고, 또 어떤 사람들은 발라드를 좋아한다.
바구니에 많은 과일들이 있다. 어떤 것들은 오렌지이고, 또 어떤 것 들은 멜론이다.

> **Tip 비교!** 우리 반의 어떤 학생들은 내 의견에 동의했지만, 나머지 모 든 학생들은 동의하지 않았다.

4 James와 나는 서로 매우 잘 안다.
우리는 서로에게 공손해야 한다.

SPEED CHECK

1 ④ **2** ④ **3** ⑤

---

1 one ... the other ~: '(둘 중의) 하나는 …, 다른 하나는 ~'
어휘 mug 몡 (차·커피 등을 담는) 잔
2 some ... others ~: '어떤 것[사람]들은 …, 또 어떤 것[사람]들은 ~'
3 one another: '서로'

PRACTICE TEST

A	**1** another	**2** the others	**3** each other	**4** one
B	**1** the other	**2** others	**3** the other[the third]	
C	**1** others	**2** each other	**3** another	**4** one
D	**1** another language			
	2 some are black, the others			
	3 one was interesting, the other was boring			

A

1 another: '또 하나 다른 것(의)', '또 하나(의)'
2 some ... the others ~: '어떤 것[사람]들은 …, 나머지 모든 것 [사람]들은 ~'
3-4 each other / one another: '서로'

B

1 one ... the other ~: '(둘 중의) 하나는 …, 다른 하나는 ~'
2 some ... others ~: '어떤 것[사람]들은 …, 또 어떤 것[사람]들은 ~'
3 one ..., another ~, the other[third] ~: '(셋 중의) 하나는 …, 다른 하나는 ~, 나머지 하나는 ~'

UNIT 3 재귀대명사

pp.82 - 83

1 1) 그는 일본어를 독학하고 있다.
Emily는 급히 나무 뒤로 몸을 감추었다.
2) Eric은 자신을 일류 모델로 생각한다.
그녀는 자신에게 실망했다.
2 내가 직접 그 책갈피를 만들었다.
나는 그 배우가 아니라 그 영화 자체를 좋아한다.
3 나는 내 힘으로 이 팔찌를 만들었다.
이 이야기는 우리끼리의 비밀로 하자.

SPEED CHECK

1 ② **2** ①

1 주어가 He이므로 주어를 강조하는 강조 용법의 재귀대명사 himself를 씀
2 by oneself: '혼자서'; '혼자 힘으로'

PRACTICE TEST

A 1 herself 2 by 3 herself 4 yourself 5 himself
B 1 yourself → ourselves 또는 We → You
2 in you → in yourself 3 me → myself
4 you → yourself/yourselves
C 1 excused myself 2 beside herself
3 seat yourself
D 1 They burned themselves
2 He didn't take care of himself
3 used to talk to myself

A

1 dress oneself: '옷을 입다'
2 by oneself: '혼자서'; '혼자 힘으로'
3, 5 '직접', '스스로'의 뜻으로, 주어나 목적어를 강조하는 재귀대명사
4 help oneself to: '…을 마음껏 먹다'

B

1 주어가 we/you일 때 주어를 강조하는 재귀대명사는 ourselves/yourself/yourselves
2-3 주어가 행하는 동작의 대상이 주어 자신일 때 쓰는 재귀 용법의 재귀대명사 (전치사/동사의 목적어)
4 make oneself at home: '편하게 지내다/쉬다'

C

1 excuse oneself: '양해를 구하고 자리를 뜨다'
2 beside oneself: '제정신이 아닌'
3 seat oneself: '앉다'

D

1 burn oneself: '데다', '화상을 입다'
2 주어가 행하는 동작의 대상이 주어 자신일 때 쓰는 재귀 용법의 재귀대명사 (전치사의 목적어)
3 talk to oneself: '혼잣말하다'

REVIEW TEST pp.84 - 86

01 ② 02 ③ 03 another 04 Every boy 05 one 06 ④ 07 ③ 08 We enjoyed ourselves at the music festival. 09 ④ 10 ③ 11 looking at herself 12 one, another, the other[the third] 13 ① 14 ③ 15 yourself 16 some[Some] 17 any 18 ②, ④ 19 ① 20 Each person has 21 Both Sam and my sister want 22 All the food, was delicious 23 ②

01 앞서 언급된 명사와 같은 종류이나 불특정한 것을 나타낼 때 one을 쓴다. (one = a bank)
[어휘] just around the corner 길모퉁이를 돌면 바로

02 some ... others ~: '어떤 것[사람]들은 …, 또 어떤 것[사람]들은 ~'
[어휘] comic book 만화책 board game 보드게임

03 another: '또 하나 다른 것(의)', '또 하나(의)'

04 『every('모든')+단수명사+단수동사』

05 앞서 언급된 명사와 같은 종류이나 불특정한 것을 나타낼 때 one을 쓴다. (one = a cupcake)

06 ⓐ another: '또 하나 다른 것(의)', '또 하나(의)'
ⓑ some ... the others ~: '어떤 것[사람]들은 …, 나머지 모든 것[사람]들은 ~'
[어휘] drawer [명] 서랍

07 ⓐ 『every+단수명사+단수동사』
ⓑ both는 '둘 다'의 뜻으로, 복수 취급한다.
ⓒ 『all (of)+(대)명사』는 (대)명사의 수에 동사를 일치시킨다.
[어휘] crowded [형] 붐비는 shopper [명] 쇼핑객

08 enjoy oneself: '즐거운 시간을 보내다' (= have a good time)
[어휘] festival [명] 축제

09 ④ '직접', '스스로'의 뜻으로, 주어(We)를 강조하는 강조 용법의 재귀대명사 ourselves를 쓴다.
[어휘] anywhere [부] 어디든, 아무데나 report [명] 보도; *보고서

10 ⓑ 긍정문에는 주로 some을 쓴다.
any time → some time 또는 time
ⓓ 부정문에는 주로 any를 쓴다.
some money → any money
[어휘] silent [형] 조용한 get along well with …와 잘 지내다

11 주어가 행하는 동작의 대상이 주어 자신일 때 쓰는 재귀 용법의 재귀대명사 (전치사의 목적어)

12 one ..., another ~, the other[third] ~: '(셋 중의) 하나는 …, 다른 하나는 ~, 나머지 하나는 ~'
[어휘] purple [형] 보라색의, 자주색의

13 ① 『all (of)+(대)명사』에서 명사(people)가 복수이므로 복수동사를 쓴다. was → were

14 ③ one ... the other ~: '(둘 중의) 하나는 …, 다른 하나는 ~'
another → the other
[어휘] hug [동] 껴안다 purse [명] 지갑

15 make oneself at home: '편하게 지내다/쉬다'
help oneself to: '…을 마음껏 먹다'

16 • 긍정문에는 주로 some을 쓴다.
• some ... the others ~: '어떤 것[사람]들은 …, 나머지 모든 것[사람]들은 ~'
[어휘] tool [명] 도구 fix [동] 고치다 audience [명] 관람객

17 의문문과 부정문에는 주로 any를 쓴다.

18 another는 '또 하나 다른 것(의)', '또 하나(의)'의 뜻으로, 여기서는 one more의 의미로 쓰였다.

19 ①은 주어(I)를 강조하는 강조 용법, 나머지는 재귀 용법으로 쓰인 재귀대명사이다.
[어휘] poem [명] (한 편의) 시 express [동] 표현하다
20 『each('각각(의)')+단수명사+단수동사』
[어휘] personality [명] 성격
21 both A and B는 'A와 B 둘 다'의 뜻으로, 복수 취급한다.
22 『all (of)+(대)명사』에서 명사(food)가 단수이므로 단수동사를 쓴다.
23 ② 주어를 강조하는 강조 용법의 재귀대명사로 생략할 수 있다.
[어휘] cut [동] 베다 artist [명] 예술가 sign [동] 서명하다

CHAPTER
09 비교 구문

UNIT 1 비교 구문

pp.88 - 89

1 그 야경은 그림처럼 아름답다.
아빠는 엄마만큼 요리를 잘한다.
부산은 대구만큼 덥지는 않다.
2 우유를 마시는 것이 탄산음료를 마시는 것보다 더 건강에 좋다.
Paul은 나보다 수학 문제를 더 빨리 풀 수 있다.
농구는 야구보다 더 재미있다.
[Tip 주의!] 지구는 달보다 훨씬 더 크다.
3 1) Ted는 그 마을에서 가장 힘이 센 사람이다.
2) 파도타기는 모든 수상 스포츠 중에서 가장 신이 난다.

SPEED CHECK

1 ③ 2 ③

1 비교급 앞에서 비교급을 강조하는 much
2 『the+최상급+in+장소나 범위를 나타내는 단수명사』: '… (안)에서 가장 ~한/하게'

PRACTICE TEST

A 1 cold 2 smarter 3 most 4 a lot 5 fastest
B 1 as cheaper as → as cheap as 또는 cheaper than
2 pretty → prettier
3 largest → the largest
4 more → most
5 more far → far more
C 1 as tall as
2 not as[so] busy as
3 are harder than
4 the most diligent of
5 much[even/far] older than

A
1 『not as[so]+원급+as』: '…만큼 ~하지는 않은/않게'
2 『비교급+than』: '…보다 더 ~한/하게'
3, 5 『the+최상급』: '가장 …한/하게'
4 비교급 강조: 『much/even/a lot/far+비교급+than』 ('…보다 훨씬 더 ~한/하게')

B
1 『as+원급+as』 또는 『비교급+than』
2, 5 비교급 앞에서 비교급을 강조하는 much/far
3 『the+최상급+in+장소나 범위를 나타내는 단수명사』: '… (안)에서 가장 ~한/하게'
4 『the+최상급+of+비교의 대상이 되는 명사』: '… 중에서 가장 ~한/하게'

UNIT 2 비교 구문을 이용한 표현

pp.90 - 91

1 Andrew는 다른 사람들보다 두 배 더 열심히 일한다.
내 배낭은 네 것보다 세 배 더 무겁다.
2 네가 더 집중할수록 너는 네 일을 더 빨리 끝낼 것이다.
네가 더 많이 웃을수록 너는 더 행복해질 것이다.
3 요즘 세계는 점점 더 작아지고 있다.
그들은 도서관에서 점점 더 시끄럽게 이야기했다.
4 너는 생선과 고기 중에 어느 것을 더 좋아하니?
네 남동생과 Tom의 남동생 중에 누가 더 어리니?
5 아인슈타인은 역사상 가장 유명한 과학자들 중 한 명이다.
아프리카코끼리는 세계에서 가장 큰 동물들 중 하나이다.

SPEED CHECK

1 ② 2 ④ 3 ⑤ 4 ②

1 『배수사+as+원급+as』: '…의 몇 배로 ~한/하게'
2 『the+비교급, the+비교급』: '…(하면) 할수록 더 ~하다'
3 『one of the+최상급+복수명사』: '가장 …한 것[사람]들 중 하나'
4 『비교급+and+비교급』: '점점 더 …한/하게'

PRACTICE **TEST**

A **1** hard **2** characters **3** the more easily **4** more
   5 more and more

B **1** more **2** longer and longer **3** more important
   4 the most humorous **5** five times

C **1** Which is more comfortable
   2 darker and darker
   3 The more we have, the more
   4 one of the greatest writers
   5 ten times better

A

1 『배수사+as+원급+as』: '…의 몇 배로 ~한/하게'

2 『one of the+최상급+복수명사』: '가장 …한 것[사람]들 중 하나'

3 『the+비교급, the+비교급』: '…(하면) 할수록 더 ~하다'

4 『Which[Who] … 비교급, A or B?』: 'A와 B 중에서 어느 것이 [누가] 더 …한가?'

5 『비교급+and+비교급』: '점점 더 …한/하게'

B

1 『배수사+비교급+than』: '…의 몇 배로 ~한/하게'

REVIEW TEST
pp.92 - 94

01 ②   02 ③   03 ③   04 as much as   05 three times more expensive   06 ③   07 ④   08 ②   09 ④   10 ③ 11 the louder, louder   12 most, more[better]   13 as larger as, as large as 또는 larger than   14 (K)orean (i)s (o)ne (o)f (t)he (m)ost (d)ifficult (l)anguages (t)o (l)earn   15 (1) warmer than (2) as cold as   16 ①, ③ 17 1) the slowest   2) faster than   3) as fast as 18 ⑤   19 ⑤   20 bigger and bigger   21 The more we exercise, the healthier   22 one of the most amazing players   23 not as[so] busy as

01 『much+비교급+than』: '…보다 훨씬 더 ~한/하게'

02 『the+비교급, the+비교급』: '…(하면) 할수록 더 ~하다'

03 『Which[Who] … 비교급, A or B?』: 'A와 B 중에 어느 것이 [누가] 더 …한가?'
   어휘 tulip 몡 튤립   rose 몡 장미

04 『as+원급+as』: '…만큼 ~한/하게'

05 『배수사+비교급+than』: '…의 몇 배로 ~한/하게'

06 비교급 강조: 『much/even/a lot/far+비교급+than』

07 『not as[so]+원급+as』: '…만큼 ~하지는 않은/않게'

어휘 light 몡 밝은; *가벼운

08 ② Sally는 160cm로 167cm인 Nick보다 키가 더 작다.

09 • 『as+부사의 원급+as』: '…만큼 ~하게'
   • much는 비교급 앞에서 비교급을 강조한다.

10 • 『the+비교급, the+비교급』: '…(하면) 할수록 더 ~하다'
   • crowded는 앞에 more를 붙여 비교급을 만든다.

11 『비교급+and+비교급』: '점점 더 …한/하게'
   어휘 noise 몡 소음

12 『Which[Who] … 비교급, A or B?』: 'A와 B 중에 어느 것이 [누가] 더 …한가?'

13 『배수사+as+원급+as』: '…의 몇 배로 ~한/하게'
   (= 『배수사+비교급+than』)

14 『one of the+최상급+복수명사』: '가장 …한 것[사람]들 중 하나'

15 (1) 『형용사의 비교급+than』: '…보다 더 ~한'
   (2) 『as+형용사의 원급+as』: '…만큼 ~한'
   어휘 warm 몡 따뜻한

16 『배수사+as+원급+as』 = 『배수사+비교급+than』: '…의 몇 배로 ~한/하게'
   어휘 pond 몡 연못   deep 몡 깊은

17 1) 『the+최상급+of+비교의 대상이 되는 명사』: '… 중에서 가장 ~한/하게'
   2) 『비교급+than』: '…보다 더 ~한/하게'
   3) 『as+원급+as』: '…만큼 ~한/하게'

18 ⑤ 『one of the+최상급+복수명사』
   funniest → the funniest
   어휘 talented 몡 유능한, 재능 있는

19 ⑤ 『the+비교급, the+비교급』 the most → the more
   어휘 curly 몡 곱슬머리의   straight 몡 (휘지 않고) 곧은

20 『비교급+and+비교급』: '점점 더 …한/하게'

21 『the+비교급, the+비교급』: '…(하면) 할수록 더 ~하다'

22 『one of the+최상급+복수명사』: '가장 …한 것[사람]들 중 하나'

23 『not as[so]+형용사의 원급+as』: '…만큼 ~하지는 않은'
   어휘 project 몡 프로젝트, 과업   usual 몡 평상시의, 보통의

CHAPTER
⑩ 접속사

UNIT **1** **when, as, while, after, before, until[till]**

pp.96 - 97

1 Sam은 그가 가장 좋아하는 가수에 대해 이야기할 때 미소를 멈출 수 없다.

그녀는 TV를 볼 때 감자칩을 먹는 것을 좋아한다.

2 그 도둑은 도망가면서 훔친 지갑을 떨어뜨렸다.

Clark는 버스를 타다가 그의 담임 선생님을 보았다.

3 우리 엄마가 안 계시던 동안에 할머니께서 나를 돌봐주셨다.

우리는 그 섬을 향해 항하던 중에 그 해변을 발견했다.

4 그 파티가 끝난 후에 Clara는 내가 치우는 것을 도와주었다.

자기 전에 이를 닦을 것을 기억해라.

5 나는 Alex가 돌아올 때까지 그를 기다렸다.

Norah는 여덟 살 때까지 런던에 살았다.

Tip 주의! 나는 영화가 끝난 후에 집으로 곧장 갈 것이다.

SPEED CHECK

1 ①　2 ③

1 시간을 나타내는 부사절에서는 미래를 나타내더라도 미래시제 대신 현재시제를 씀

2 before: '…하기 전에'

PRACTICE TEST

A 1 before 2 until 3 After 4 As
　5 graduates
B 1 when 2 before 3 After 4 until
C 1 While I was playing the piano
　2 until[till] the sugar melts
　3 Before the winter comes
　4 when he won the drawing contest
　5 after the concert starts

A

1 before: '…하기 전에'　2 until[till]: '…할 때까지'
3 after: '…한 후에'　4 as: '(동시에) …할 때', '…하면서'
5 시간을 나타내는 부사절에서는 미래를 나타내더라도 미래시제 대신 현재시제를 씀

B

1 when: '…할 때'　2 before: '…하기 전에'
3 after: '…한 후에'　4 until: '…할 때까지'

C

1 while: '…하는 동안에'　2 until[till]: '…할 때까지'
3 before: '…하기 전에'　4 when: '…할 때'
5 after: '…한 후에'
2-3, 5 시간을 나타내는 부사절에서는 미래를 나타내더라도 미래시제 대신 현재시제를 씀

---

pp.98 - 99

A

1 우리는 같은 학교에 다녔기 때문에 서로를 안다.

그곳에 있는 것이 정말 좋았기 때문에 나는 사이판을 다시 방문했다.

✓ **Grammar UP**

교통 체증이 심했기 때문에 나는 기차를 놓쳤다.

교통 체증 때문에 나는 기차를 놓쳤다.

2 그 다큐멘터리가 지루했기 때문에 Jay는 그것을 보는 것을 중단했다.

Lauren이 감기에 걸렸기 때문에 우리는 소풍을 갈 수 없었다.

3 네가 종일 전화를 받지 않았기 때문에 나는 너를 걱정했다.

나는 특별한 계획이 없었기 때문에 책을 읽기로 결정했다.

B

1 Tom은 배가 고파서 몇 분 전에 샌드위치를 하나 먹었다.

Julia는 피곤해서 오전 10시까지 침대에 있었다.

2 그 소설이 매우 인상 깊어서 나는 그것을 두 번 읽었다.

그의 여자친구가 그를 향해 매우 환하게 미소 지어서 그는 기분이 좋아졌다.

SPEED CHECK

1 ③　2 ②

1 이유를 나타내는 접속사 as: '… 때문에'　**어휘** extra 형 추가의

2 결과를 나타내는 접속사 so: '그래서'

어휘 air conditioner 에어컨　work 동 일하다; *작동하다

PRACTICE TEST

A 1 because 2 since 3 so 4 so 5 As
B 1 because[as/since], so, that 2 so, so, that
C 1 because of a bad toothache
　2 Because[As/Since] I didn't know her
　3 so kind that
　4 so I couldn't wake up

A

1 『because+주어+동사』/ 『because of+(동)명사(구)』
2, 5 since/as: '… 때문에'
3 so: '그래서'
4 『so+형용사/부사+that』: '매우 …해서 ~하다'

B

『so+형용사/부사+that』: '매우 …해서 ~하다'

1 because[as/since]: '… 때문에' (이유)

2 so: '그래서' (결과)

C

1 『because of+(동)명사(구)』: '… 때문에'

2 『because[as/since]+주어+동사』: '… 때문에'

3 『so+형용사/부사+that』: '매우 …해서 ~하다'

4 so: '그래서'

C **1** am not → am 또는 Unless → If

    2 will miss → misses

    3 If → Although[Though]

    4 unless → that

D **1** Although[Though] she is young

    2 unless you have a receipt

    3 If you are tired

    4 If you don't make a reservation

UNIT 3 if, unless, although[though], that

pp.100 - 101

A

1 만약 네가 성공한 가수가 되고 싶다면 노래 연습을 많이 해라.

만약 내가 소포를 지금 보내면 그가 내일 그것을 받을 것이다.

만약 네가 지하철로 가면 너는 시간을 좀 벌게 될 것이다.

2 만약 지금 일어나지 않으면 너는 네 비행기를 놓칠 것이다.

만약 네가 그녀에게 사과하지 않으면 그녀는 너를 다시는 보지 않을 것이다.

Tip 주의! 그가 우리를 초대하면 우리는 그의 파티에 갈 것이다.

B

비록 그들은 부유하지 않지만 그들은 노숙자들을 돕는다.

비록 Sally는 겨우 여덟 살이지만 그녀는 역사에 대해 많이 안다.

C

내가 이 나라에 사는 것은 행운이다.

나는 네가 천재라고 생각한다.

가장 중요한 것은 내가 나 자신을 믿는다는 것이다.

SPEED CHECK

1 ③ **2** ① **3** ③

1 조건을 나타내는 부사절에서는 미래를 나타내더라도 미래시제 대신 현재시제를 씀

2 unless: '…하지 않으면' (= if … not)
  어휘 get better (능력·실력 등이) 늘다

3 although[though]: '비록 …지만'

PRACTICE TEST

A **1** Although **2** If **3** Unless **4** that

B **1** Unless, stop **2** if, don't tell

A

1 although[though]: '비록 …지만'

2 if: '만약 …라면'

3 unless: '…하지 않으면'

4 진주어로 쓰인 명사절을 이끄는 접속사 that

B

unless = if … not

C

1 unless는 if … not으로 바꿔 쓸 수 있으며 부정의 의미를 포함함

2 조건을 나타내는 부사절에서는 미래를 나타내더라도 미래시제 대신 현재시제를 씀

3 문맥상 '비록 Joe가 사과했지만'이 되어야 하므로 양보를 나타내는 접속사 although[though]를 씀

4 동사 hear의 목적어가 필요하므로 명사절을 이끄는 접속사 that을 씀

UNIT 4 명령문+and/or, 짝으로 이루어진 접속사

pp.102 - 103

A

1 네 부모님께 정직하라, 그러면 그들은 너를 믿을 것이다.

2 네 과제물을 제시간에 제출해라, 그렇지 않으면 너는 0점을 받을 것이다.

B

1 Violet과 Kevin 둘 다 그들의 반 친구들에게 인기가 있다.

2 너와 네 오빠 중 하나가 거실을 청소해야 한다.

3 우리 할머니는 프랑스어를 읽지도 쓰지도 못했다.

4 그 책은 재미있었을 뿐만 아니라 교육적이었다.

SPEED CHECK

1 ① **2** ② **3** ③

1 『명령문+and ~』: '…해라, 그러면 ~할 것이다'
  어휘 gas station 주유소

2 『명령문+or ~』: '…해라, 그렇지 않으면 ~할 것이다'

3 neither A nor B: 'A도 B도 아닌'

PRACTICE **TEST**

A **1** or **2** or **3** and **4** Both

B **1** and **2** If, don't, Unless **3** not only, but also
4 Both, and

C **1** Be careful, or
2 either the rice noodles or the pasta
3 Push this red button, and
4 neither in the restroom nor in her room

A

1 『명령문+or ~』: '…해라, 그렇지 않으면 ~할 것이다'

2 either A or B: 'A와 B 중 하나'

3 『명령문+and ~』: '…해라, 그러면 ~할 것이다'

4 both A and B: 'A와 B 둘 다'

B

1 『명령문+and ~』 = 『If …, 주어+will ~.』

2 『명령문+or ~』 = 『If … not/Unless, 주어+will ~.』

3 not only A but also B: 'A뿐만 아니라 B도' (≒ B as well as A)

4 both A and B: 'A와 B 둘 다'

C

4 neither A nor B: 'A도 B도 아닌'

REVIEW TEST

pp.104 - 106

01 ⑤ 02 ③ 03 Unless 04 very, so 05 because of, because 06 ② 07 ③ 08 ③ 09 not only a handbag but also a hat 10 ③ 11 ① 12 While 13 Since 14 that 15 ② 16 Unless you eat vegetables, you will be weak. / If you don't eat vegetables, you will be weak. 17 ⑤ 18 ④ 19 1) After 2) both, and 20 ③, ④ 21 ③, ⑤ 22 Read this article, and 23 because of the snowstorm

01 although: '비록 …지만' 어휘 weather 몡 날씨

02 before: '…하기 전에'
어휘 do warm-up exercise 준비 운동을 하다

03 '…하지 않으면'이라는 뜻의 조건을 나타내는 접속사는 unless 이다. 어휘 raincoat 몡 비옷 wet 혱 젖은

04 『so+형용사/부사+that』: '매우 …해서 ~하다'
어휘 horror movie 공포 영화

05 『because of+(동)명사(구)』 / 『because+주어+동사』

06 The problem is that I often feel bored.로 쓸 수 있다. 여기서 that은 명사절을 이끄는 접속사로, 동사 is의 보어로 쓰였다.
어휘 bored 혱 지루한

07 At that time으로 보아, '…하는 동안에'라는 뜻의 접속사 while 이 알맞다.
어휘 give a speech 연설하다 at that time 그때
shake 동 흔들리다

08 ⓐ 양보를 나타내는 접속사 although[though]: '비록 …지만'
ⓑ 조건을 나타내는 접속사 if: '만약 …라면'
어휘 see 동 보다; *알다

09 not only A but also B: 'A뿐만 아니라 B도'
(≒ B as well as A)

10 • 『so+형용사/부사+that』: '매우 …해서 ~하다'
• 결과를 나타내는 접속사 so: '그래서'
어휘 feel like v-ing …하고 싶다 shout 동 소리치다

11 • 『명령문+or ~』: '…해라, 그렇지 않으면 ~할 것이다'
• either A or B: 'A와 B 중 하나'
어휘 opportunity 몡 기회 regret 동 후회하다

12 while: '…하는 동안에'
어휘 do the dishes 설거지하다 do laundry 빨래하다

13 since: '… 때문에'
어휘 interest 몡 관심, 흥미 close 혱 가까운

14 he got up early today가 주어가 되려면 명사절을 이끄는 접속사 that이 필요하다. that절이 진주어로 쓰이면 문장 앞에 가주어 it을 쓴다.

15 ② 문맥상 '…할 때'의 뜻인 접속사 When/As나 '… 때문에'의 뜻인 접속사 Because[As/Since]가 알맞다. 나머지는 양보를 나타내는 접속사 Although[Though]가 알맞다.
어휘 fall out of …로부터 떨어지다 voice 몡 목소리

16 『명령문+or ~』: '…해라, 그렇지 않으면 ~할 것이다'
(= 『If … not/Unless, 주어+will ~.』)
문맥에 맞게 조건을 나타내는 접속사 unless, if … not('…하지 않으면')을 쓴다. 이때 접속사를 포함하는 절은 다른 절의 앞이나 뒤에 올 수 있는데, 종속절이 앞에 오면 대개 그 절의 끝에 콤마(,)를 붙인다.

17 ⑤의 as는 '(동시에) …할 때'의 뜻이고, 나머지는 '… 때문에'의 뜻이다.
어휘 bracelet 몡 팔찌 in a hurry 서둘러

18 ④ 문맥상 '비가 많이 왔기 때문에'로 이유를 나타내는 접속사인 Because[As/Since]를 쓴다.
Although → Because[As/Since]
어휘 lecture 몡 강의 exhausted 혱 지친 match 몡 경기
cancel 동 취소하다

19 1) after: '…한 후에' 2) both A and B: 'A와 B 둘 다'
어휘 record 동 녹음하다

20 ③ 시간을 나타내는 부사절에서는 미래를 나타내더라도 미래시제 대신 현재시제를 쓴다. will come → comes
④ unless('…하지 않으면')는 부정의 뜻을 포함한다.
Unless → If 또는 need → don't need
어휘 abroad 🔵 해외로 passport 📗 여권 lend 📘 빌려주다

21 ③ neither A nor B('A도 B도 아닌')는 부정의 뜻을 포함한다.
can't go → can go
⑤ 『so+형용사/부사+that』: '매우 …해서 ~하다' as → that
어휘 skip 📘 건너뛰다

22 『명령문+and ~』: '…해라, 그러면 ~할 것이다'
어휘 article 📗 기사 situation 📗 상황

23 『because of+(동)명사(구)』
어휘 snowstorm 📗 눈보라 delay 📘 지연시키다

CHAPTER ⑪ 관계사

UNIT 1 관계대명사의 용법

pp.108 - 109

Ⓐ
나는 한 소년을 알고 있다. + 그는 미술에 관심이 있다.
→ 나는 미술에 관심이 있는 한 소년을 알고 있다.

1 나는 신선한 채소를 갖추고 있는 한 식료품점을 발견했다.
(← 나는 한 식료품점을 발견했다. + 그것은 신선한 채소를 갖추고 있다.)
2 John은 직업이 수학을 가르치는 것인 한 여자를 만났다.
(← John은 한 여자를 만났다. + 그녀의 직업은 수학을 가르치는 것이다.)
3 우리는 공원 벤치 근처에서 본 그 배우를 기억한다.
(← 우리는 그 배우를 기억한다. + 우리는 그를 공원 벤치 근처에서 보았다.)
Ian이 기다리고 있던 그 사람은 오지 않았다.
(← Ian은 그 사람을 기다리고 있었다. + 그/그녀는 오지 않았다.)

✔ Grammar UP
나는 누가 영어를 잘 말할 수 있는지 안다.
나는 영어를 잘 말할 수 있는 한 남자를 안다.

SPEED CHECK
1 ① 2 ③

---

1 선행사가 사람(an aunt)이고 관계대명사가 관계사절 내에서 주어 역할을 하므로 주격 관계대명사 who
2 관계대명사가 관계사절 내에서 수식하는 명사(hair)의 소유격 역할을 하므로 소유격 관계대명사 whose **어휘** blond 🔵 금발인

PRACTICE TEST

A 1 whose 2 whom 3 which 4 who 5 that
B 1 which[that] was written
　2 who(m)[that] he met
　3 whose name is Andrew
　4 who[that] was on TV
C 1 who(m)[that] Cathy loves 2 whose screen
　3 which[that] is cute 4 who[that] are late for

A
1 관계대명사가 관계사절 내에서 수식하는 명사(dream)의 소유격 역할을 하므로 소유격 관계대명사 whose
2 선행사가 사람(The pianist)이고 관계대명사가 관계사절 내에서 목적어 역할을 하므로 목적격 관계대명사 whom
3 선행사가 사물(the jacket)이고 관계대명사가 관계사절 내에서 목적어 역할을 하므로 목적격 관계대명사 which
4 선행사가 사람(the man)이고 관계대명사가 관계사절 내에서 주어 역할을 하므로 주격 관계대명사 who
5 선행사가 사물(a new sports car)이고 관계대명사가 관계사절 내에서 주어 역할을 하므로 주격 관계대명사 that

B
1 선행사가 사물(a novel)인 주격 관계대명사 which[that]
2 선행사가 사람(the woman)인 목적격 관계대명사 who(m)[that]
3 선행사가 사람(a man)이고 관계사절 내에서 수식하는 명사(name)의 소유격 역할을 하는 소유격 관계대명사 whose
4 선행사가 사람(A woman)인 주격 관계대명사 who[that]

C
1 선행사가 사람(The man)인 목적격 관계대명사 who(m)[that]
2 선행사가 사물(a TV)이고 관계사절 내에서 수식하는 명사(screen)의 소유격 역할을 하는 소유격 관계대명사 whose
3 선행사가 사물(a teddy bear)인 주격 관계대명사 which[that]
4 선행사가 사람(people)인 주격 관계대명사 who[that]

UNIT 2 관계대명사 that, what

pp.110 - 111

1 1) 그 소녀는 탁자 위에 있는 그 연필을 떨어뜨렸다.
Hanna가 이야기 중인 그 남자는 나의 삼촌이다.

2) 그 영화는 바다 위에서 살아남은 한 소년과 호랑이에 관한 것이다.

Joe는 그에게 전부였던 그의 선원들과 배 한 척을 잃었다.

Emily는 이제껏 내가 본 가장 아름다운 신부이다.

Gloria는 모든 답을 아는 유일한 학생이다.

너는 네가 읽은 모든 것을 이해하니?

나는 네가 원하는 어떤 것이든 너에게 줄 것이다.

2 1) 네가 믿는 것은 완전히 잘못되었다.

네 생일에 네가 원하는 것을 나에게 말해 봐.

이것이 내가 오디션에서 부른 것이다.

2) 그가 찾아낸 것이 세상을 바꿨다.

SPEED CHECK

1 ④ **2** ④ **3** ⑤

1 선행사가 동물이므로 주격 관계대명사 which를 쓰거나 선행사의 종류에 관계없이 쓸 수 있는 관계대명사 that을 씀

2 선행사가 서수(the first)의 수식을 받을 때 주로 관계대명사 that을 씀

3 선행사가 없으므로 선행사를 포함한 관계대명사 what을 씀

PRACTICE TEST

A **1** that **2** that **3** that **4** What **5** that

B **1** what **2** that **3** what **4** that **5** What **6** that

C **1** What Sally made for me **2** that I wore
  3 that were playing **4** what you can do
  5 that I can borrow

A

1 선행사가 사물(The park)인 주격 관계대명사 that

2 선행사가 -thing일 때 주로 관계대명사 that을 씀

3 선행사가 the only의 수식을 받을 때 주로 관계대명사 that을 씀

4 선행사가 없으므로 선행사를 포함한 관계대명사 what을 씀

5 선행사가 최상급의 수식을 받을 때 주로 관계대명사 that을 씀

B

1, 3, 5 선행사가 없으므로 선행사를 포함한 관계대명사 what을 씀

2 선행사가 서수(the first)의 수식을 받을 때 주로 관계대명사 that을 씀

4 선행사가 the last의 수식을 받을 때 주로 관계대명사 that을 씀

6 선행사가 -thing일 때 주로 관계대명사 that을 씀

C

1 주어로 쓰인 명사절을 이끄는 관계대명사 what

2 선행사가 the same의 수식을 받을 때 주로 관계대명사 that을 씀

3 선행사가 『사람+동물』인 경우 주로 관계대명사 that을 씀

4 목적어로 쓰인 명사절을 이끄는 관계대명사 what

5 선행사가 any의 수식을 받을 때 주로 관계대명사 that을 씀

UNIT 3 관계대명사의 생략

pp.112 - 113

1 1) 이것은 나의 할머니가 만들어 주신 스웨터이다.

내가 가장 존경하는 그 교수님은 열정적이다.

2) 이것은 그가 사는 아파트이다.

2 벽에 기대어 있는 그 소녀는 나의 누나이다.

SPEED CHECK

1 ③ **2** ③ **2** ④

1 동사의 목적어로 쓰인 목적격 관계대명사 that은 생략 가능

2 전치사의 목적어로 쓰인 목적격 관계대명사 whom은 생략 가능

3 『주격 관계대명사+be동사』는 생략 가능

PRACTICE TEST

A **1** that **2** X **3** which are **4** which **5** X

B **1** the violinist (who(m)[that]) you
  그녀가 네가 어젯밤에 말한 그 바이올린 연주자니?
  2 the baby (who[that] is) sleeping
  네 방에서 자고 있는 그 아기는 누구니?
  3 the movie (which[that]) you
  네가 어제 본 그 영화에 관해 내게 말해 줘.
  4 the book (which[that] is[was]) written
  너는 일본어로 쓰인 그 책을 읽을 수 있니?

C **1** (that) Joel is interested in
  2 (who(m)[that]) I met
  3 (which[that] is) sitting

A

1, 4 동사/전치사의 목적어로 쓰인 목적격 관계대명사는 생략 가능

2 『전치사+관계대명사』 어순의 목적격 관계대명사는 생략 불가

3 『주격 관계대명사+be동사』는 생략 가능

5 주격 관계대명사는 생략 불가

UNIT 4 관계부사

pp.114 - 115

A

나는 그날을 기억한다. + 나는 그때 Jake를 처음 만났다.

→ 나는 내가 처음으로 Jake를 만났던 날을 기억한다.

너는 Jessie가 화난 이유를 아니?

1 6월 5일은 Sue가 뉴욕에 도착한 날이다.
(← 6월 5일은 그날이다. + Sue는 그날 뉴욕에 도착했다.)
2 이곳이 네가 자란 마을이니?
(← 이곳이 그 마을이니? + 너는 그 마을에서 자랐다.)
3 나는 그녀가 내게 소리친 이유를 모른다.
(← 나는 그 이유를 모른다. + 그녀는 그 이유로 내게 소리쳤다.)
4 이것이 내 친구가 그의 개를 훈련하는 방법이다.
(← 이것이 그 방법이다. + 내 친구가 그 방법으로 그의 개를 훈련한다.)

SPEED CHECK

1 ③ **2** ②

1 이유를 나타내는 명사(the reason)가 선행사이므로 관계부사 why
2 장소를 나타내는 명사(the place)가 선행사이므로 관계부사 where

PRACTICE TEST

A 1 where **2** why **3** when **4** the way
B 1 when **2** why **3** how **4** where
C 1 the time when we were
2 the way he prepared for
3 The mall where I bought
4 the reason why he got

A
1 장소를 나타내는 명사(a space)가 선행사이므로 관계부사 where
2 이유를 나타내는 명사(the reason)가 선행사이므로 관계부사 why
3 시간을 나타내는 명사(the day)가 선행사이므로 관계부사 when
4 선행사 the way와 관계부사 how는 함께 쓰지 않고 둘 중 하나만 씀

B
1 선행사(the day)가 시간을 나타내므로 on which는 when으로 바꿀 수 있음
2 선행사(the reason)가 이유를 나타내므로 for which는 why로 바꿀 수 있음
3 방법을 나타내는 명사를 선행사로 하는 관계부사 how[the way]
4 선행사(the bakery)가 장소를 나타내므로 in which는 where로 바꿀 수 있음

C
1 시간을 나타내는 명사(the time)를 선행사로 하는 관계부사 when
2 방법을 나타내는 명사를 선행사로 하는 관계부사 how[the way]

3 장소를 나타내는 명사(The mall)를 선행사로 하는 관계부사 where
4 이유를 나타내는 명사(the reason)를 선행사로 하는 관계부사 why

REVIEW TEST
pp.116 - 118

01 ① **02** ③ **03** ③ **04** which, what **05** the way how, how[the way] **06** where **07** why **08** ② **09** ④ **10** ④ **11** who[that] is making soup **12** where Sonia plays tennis **13** ④ **14** 2022 was the year when I graduated from university. **15** He is the well-known photographer who(m)[that] I interviewed last week. **16** ④ **17** ③ **18** ② **19** ②, ③ **20** ①, ② **21** what you have **22** that are running **23** the day when I have to go **24** Do you know the reason for which Tom left his hometown? / 너는 Tom이 그의 고향을 떠난 이유를 아니?

01 선행사가 사람(the kids)이고 관계사절 내에서 주어 역할을 하므로 주격 관계대명사 who[that]를 쓴다.
어휘 kid 몡 아이 jump up and down 펄쩍펄쩍 뛰다

02 선행사가 사물(the book)이고 관계사절 내에서 목적어 역할을 하므로 목적격 관계대명사 that[which]을 쓴다.
어휘 title 몡 제목, 표제

03 동사나 전치사의 목적어로 쓰인 목적격 관계대명사는 생략할 수 있다. 첫 번째와 두 번째 문장에는 목적격 관계대명사 which [that], 세 번째 문장에는 who(m)[that]가 생략된 형태이다.
어휘 get on …을 타다 pass by … 옆을 지나치다 gentleman 몡 신사

04 선행사가 없으므로 선행사를 포함하고, 전치사 with의 목적어로 쓰인 명사절을 이끄는 관계대명사 what을 쓴다.
어휘 be satisfied with …에 만족하다

05 방법을 나타내는 선행사 the way와 관계부사 how는 함께 쓰지 않고 둘 중 하나만 사용한다.
어휘 explain 통 설명하다

06 장소를 나타내는 명사(the hotel)가 선행사이므로 관계부사 where를 쓴다.

07 이유를 나타내는 명사(the reason)가 선행사이므로 관계부사 why를 쓴다.
어휘 flexible 톙 신축성 있는; *유연한

08 ⓐ 선행사가 없으므로 선행사를 포함하고, 동사 try의 목적어로 쓰인 명사절을 이끄는 관계대명사 what을 쓴다.
ⓑ 문맥상 '고구마피자를 만드는 법'이 자연스러우므로 방법을 나타내는 관계부사 how[the way]를 쓴다.
어휘 recommend 통 추천하다 sweet potato 고구마

09 ⓐ 시간을 나타내는 명사(the time)가 선행사이므로 관계부사 when을 쓴다.

ⓑ 선행사가 사물(a film)이고 관계사절 내에서 목적어 역할을 하므로 목적격 관계대명사 which[that]를 쓴다.
[어휘] make up one's mind 결심하다 film [명] 영화

10 동사나 전치사의 목적어로 쓰인 목적격 관계대명사와 『주격 관계대명사+be동사』는 생략 가능하나, ④의 주격 관계대명사는 생략할 수 없다.
[어휘] leather [명] 가죽 leadership skills 리더십 기술, 통솔력

11 선행사가 사람(The man)이고 관계사절 내에서 주어 역할을 하므로 주격 관계대명사 who[that]를 쓴다.

12 장소를 나타내는 명사(the court)가 선행사이므로 관계부사 where를 쓴다.
[어휘] court [명] (테니스 등을 하는) 코트

13 관계대명사가 관계사절 내에서 수식하는 명사(roof/parents)의 소유격 역할을 하므로 소유격 관계대명사 whose를 쓴다.

14 선행사가 시간을 나타내는 명사(the year)이므로 관계부사 when을 쓴다.
[어휘] graduate [동] 졸업하다

15 선행사가 사람(photographer)이고 관계사절 내에서 목적어 역할을 하므로 목적격 관계대명사 who(m)[that]를 쓴다.
[어휘] well-known [형] 유명한 photographer [명] 사진작가
interview [동] 면접하다; *인터뷰하다

16 보기와 ④의 that은 목적격 관계대명사이고, ①은 지시대명사, ②는 지시형용사, ③, ⑤는 접속사이다.
[어휘] character [명] 성격; *등장인물 insect [명] 곤충
magazine [명] 잡지

17 ③은 문맥상 방법을 나타내는 관계부사 how[the way] 또는 이유를 나타내는 관계부사 why가 자연스럽다. 나머지는 선행사가 없으므로 선행사를 포함한 관계대명사 what[What]을 쓴다.
[어휘] mean to say (자신이 하는 말을 강조하여) 정말로 말하다
decorate [동] 장식하다

18 ②의 who는 의문사이고, 나머지는 주격 관계대명사이다.
[어휘] poem [명] (한 편의) 시 humorous [형] 유머러스한, 재미있는
act [동] 행동하다; *연기하다

19 ② 선행사가 서수(the first)의 수식을 받으므로 관계대명사 that을 쓴다. 목적격 관계대명사는 생략 가능하다.
what → (that)
③ 관계대명사 that 앞에는 전치사를 쓸 수 없다.
in that → where[in which] 또는 문장 전체 → This is the place (which[that]) Sarah was born in.
[어휘] play [명] 놀이; *연극 sleeve [명] 소매

20 ① 관계대명사가 관계사절 내에서 수식하는 명사(rules)의 소유격 역할을 하므로 소유격 관계대명사 whose를 쓴다.
that → whose
② 선행사가 no의 수식을 받으므로 관계대명사 that을 쓴다.
which → that
[어휘] rule [명] 규칙 rely on …에 의존하다[의지하다]
remote control 리모컨 look for …을 찾다

21 '…한 것'의 뜻으로 선행사를 포함하고, 동사 show의 직접목적어로 쓰인 명사절을 이끄는 관계대명사 what을 쓴다.

22 선행사가 『사람+동물』인 the boy and the dog이므로 주격 관계대명사 that을 쓴다.

23 시간을 나타내는 명사(the day)가 선행사이므로 관계부사 when을 쓴다.
[어휘] repair shop 수리점

24 선행사인 이유를 나타내는 명사 the reason 다음에 『전치사+관계대명사』인 for which를 쓴다. for which는 관계부사 why로 바꿔 쓸 수 있다.
[어휘] hometown [명] 고향 company [명] 회사

CHAPTER 12 가정법

UNIT 1 가정법 과거, 가정법 과거완료

pp.120 - 121

1 만약 내게 샌드위치가 두 개 있다면, 나는 너에게 하나를 줄 수 있을 텐데.
(→ 내가 샌드위치 두 개를 가지고 있지 않아서, 나는 너에게 하나를 줄 수 없다.)
만약 나이가 더 많다면, 나는 신용 카드를 발급받을 수 있을 텐데.
(→ 나이가 더 많지 않아서, 나는 신용 카드를 발급받을 수 없다.)

2 만약 그 영화가 지겹지 않았더라면, 나는 영화관을 떠나지 않았을 텐데.
(→ 그 영화가 지겨워서, 나는 영화관을 떠났다.)
만약 내게 스마트폰이 있었더라면, 나는 파티에 가는 길을 찾을 수 있었을 텐데.
(→ 내게 스마트폰이 없어서, 나는 파티에 가는 길을 찾을 수 없었다.)

Grammar UP

Lucy가 집에 있다면, 나는 그녀를 방문할 것이다.
만약 Lucy가 집에 있다면, 나는 그녀를 방문할 텐데.

SPEED CHECK

1 ④ 2 ⑤ 3 ⑤

1 가정법 과거에서 if절의 be동사는 주어의 인칭과 수에 관계없이 were를 쓰는 것이 원칙임
[어휘] slim [형] 날씬한

2-3 과거 사실과 반대되는 상황을 가정하므로 가정법 과거완료: 『If+주어+had v-ed, 주어+would[could/might] have v-ed』

PRACTICE **TEST**

A 1 had 2 would 3 had done
B 1 were not, could play
  2 had not lied, would have trusted
  3 had booked, could have gotten
C 1 would 2 could have slept 3 were 4 had worn
D 1 I were you, I would accept
  2 he had been, wouldn't have missed
  3 If I had used, could have arrived

A

1-2 가정법 과거: 『If+주어+were/동사의 과거형, 주어+would[could/might]+동사원형』
3 가정법 과거완료: 『If+주어+had v-ed, 주어+would[could/might] have v-ed』

B

1 현재 사실과 반대되는 상황을 가정하므로 가정법 과거
2-3 과거 사실과 반대되는 상황을 가정하므로 가정법 과거완료

C

1 현재 사실과 반대되는 상황을 가정하므로 가정법 과거
2, 4 과거 사실과 반대되는 상황을 가정하므로 가정법 과거완료
3 가정법 과거에서 if절의 be동사는 주어의 인칭과 수에 관계없이 were를 쓰는 것이 원칙임

D

1 가정법 과거
2-3 가정법 과거완료

UNIT 2 **I wish+가정법, as if+가정법**

pp.122 - 123

Ⓐ

1 내가 더 좋은 선수라면 좋을 텐데.
  (→ 내가 더 좋은 선수가 아니라서 유감이다.)
2 내가 내 스마트 시계를 잃어버리지 않았더라면 좋을 텐데.
  (→ 내가 내 스마트 시계를 잃어버려서 유감이다.)

Ⓑ

1 그는 마치 행복한 것처럼 행동한다. (→ 사실, 그는 행복하지 않다.)
  그녀는 마치 다른 사람을 신경 쓰지 않는 것처럼 말한다.
  (→ 사실, 그녀는 다른 사람들을 신경 쓴다.)
2 그녀는 마치 그 책을 읽었던 것처럼 말한다.
  (→ 사실, 그녀는 그 책을 읽지 않았다.)

그는 마치 인터넷에 악플을 남기지 않았던 것처럼 행동한다.
(→ 사실, 그는 인터넷에 악플을 남겼다.)

✓ **Grammar UP**

그는 그 이야기를 아는 것처럼 말한다.
그는 마치 그 이야기를 아는 것처럼 말한다.

SPEED CHECK

1 ④ 2 ③

1 과거 사실과 반대되는 소망을 표현하므로 『I wish+가정법 과거완료』: 『I wish (that)+주어+had v-ed』
2 현재 사실과 반대되는 내용을 가정하므로 『as if+가정법 과거』: 『as if+주어+were/동사의 과거형』

PRACTICE **TEST**

A 1 would stop 2 were 3 hadn't shouted
  4 had happened
B 1 don't → didn't 2 is → were 3 haven't → hadn't
  4 won → had won
C 1 wish he had 2 as if[though] she didn't need
  3 I wish I hadn't told
  4 as if[though] she had finished

A

1 현재의 이룰 수 없는 소망을 나타내므로 『I wish+가정법 과거』: 『I wish (that)+주어+were/동사의 과거형』
2 현재 사실과 반대되는 내용을 가정하므로 『as if+가정법 과거』: 『as if+주어+were/동사의 과거형』
3 last night으로 보아, 과거 사실과 반대되는 소망을 나타내므로 『I wish+가정법 과거완료』: 『I wish (that)+주어+had v-ed』
4 yesterday로 보아, 과거 사실과 반대되는 내용을 가정하므로 『as if+가정법 과거완료』: 『as if+주어+had v-ed』

B

1 현재의 이룰 수 없는 소망을 나타내는 『I wish+가정법 과거』
2 현재 사실과 반대되는 내용을 가정하는 『as if+가정법 과거』
3 이루지 못한 과거의 소망을 나타내는 『I wish+가정법 과거완료』
4 과거 사실과 반대되는 내용을 가정하는 『as if+가정법 과거완료』

C

1 『I wish+가정법 과거』
2 『as if[though]+가정법 과거』
3 『I wish+가정법 과거완료』
4 『as if[though]+가정법 과거완료』

01 ③ 02 ⑤ 03 ④ 04 is, were 05 would give, would have given 06 ④ 07 ④ 08 1) had 2) were 09 ① 10 ⑤ 11 ④ 12 ④ 13 ④ 14 I were over 19 years old 15 I had gotten[could have gotten] a flight ticket 16 ⑤ 17 I were 18 weren't, would go 19 ③ 20 If you found a wallet 21 as if[though] she had lost 22 If I had exercised regularly, I wouldn't have gained weight.

01 가정법 과거에서 if절의 be동사는 주어의 인칭과 수에 관계없이 were를 쓰는 것이 원칙이다.

02 yesterday로 보아, 이루지 못한 과거의 소망을 나타내므로 『I wish +가정법 과거완료』: 『I wish (that)+주어+had v-ed』
  어휘 win a prize 상을 타다

03 과거 사실과 반대되는 상황을 가정하므로 가정법 과거완료: 『If+주어+had v-ed, 주어+would[could/might] have v-ed』 ('만약 …했더라면 ~했을 텐데.')
  어휘 accept ⑤ 받아들이다 succeed ⑤ 성공하다

04 현재 사실과 반대되는 내용을 가정하는 『as if+가정법 과거』: 『as if+주어+were/동사의 과거형』
  어휘 millionaire ⑱ 백만장자

05 과거 사실과 반대되는 상황을 가정하므로 가정법 과거완료를 쓴다.

06 현재의 이룰 수 없는 소망을 나타내므로 『I wish+가정법 과거』: 『I wish (that)+주어+were/동사의 과거형』

07 현재 사실과 반대되는 내용을 가정하는 『as if+가정법 과거』를 쓴다.

08 현재의 이룰 수 없는 소망을 나타내므로 『I wish+가정법 과거』를 쓴다.

09 • 가정법 과거: 『If+주어+were/동사의 과거형, 주어+would [could/might]+동사원형』
  • 『as if+가정법 과거』: 『as if+주어+were/동사의 과거형』
  어휘 spicy ⑱ 매운 win first place 일등을 하다, 우승하다
    speech ⑱ 연설

10 ⑤ 과거 사실과 반대되는 상황을 가정하므로 가정법 과거완료를 쓴다. get up → have gotten up

11 ④ 현재 사실과 반대되는 상황을 가정하므로 가정법 과거를 쓴다.

12 ④ 과거 사실과 반대되는 상황을 가정하므로 가정법 과거완료를 쓴다.

13 ④ 『I wish+가정법 과거완료』 have bought → had bought
  어휘 stylish ⑱ 유행을 따른 attend ⑤ 참석하다

14 현재의 이룰 수 없는 소망을 나타내므로 『I wish+가정법 과거』로 바꿔 쓴다.
  어휘 go for a drive 드라이브하러 가다 run ⑤ 달리다; *작동하다
    vote ⑤ 투표하다

15 과거 사실과 반대되는 소망을 나타내므로 『I wish+가정법 과거완료』로 바꿔 쓴다.

16 ⑤ 과거 사실과 반대되는 상황을 가정하므로 가정법 과거완료를 쓴다. finished → had finished

17 현재의 이룰 수 없는 소망을 표현하므로 『I wish+가정법 과거』를 쓴다.

18 현재 사실과 반대되는 상황을 가정하므로 가정법 과거를 쓴다.
  어휘 fine dust 미세먼지

19 ⓑ 가정법 과거 또는 단순 조건문
  will tell → would tell 또는 knew → knows
  ⓔ 『as if+가정법 과거/과거완료』
  enjoys → enjoyed/had enjoyed
  어휘 donate ⑤ 기부하다

20 현재 또는 미래에 실현 가능성이 거의 없는 일을 가정하므로 가정법 과거를 쓴다.

21 '마치 …였던 것처럼'의 뜻으로, 과거 사실과 반대되는 내용을 가정하므로 『as if[though]+가정법 과거완료』: 『as if[though] +주어+had v-ed』

22 '만약 …했더라면 ~했을 텐데'의 뜻으로, 과거 사실과 반대되는 상황을 가정하므로 가정법 과거완료: 『If+주어+had v-ed, 주어+would[could/might] have v-ed』
  어휘 gain weight 체중이 늘다

CHAPTER
⑬ 일치와 화법

UNIT 1 시제의 일치

pp.128 - 129

1 1) 나는 그녀가 지금 배고프다고 생각한다.
  나는 그녀가 오늘 아침에 배고팠다고 생각한다.
  나는 그녀가 6시쯤 배고플 것이라고 생각한다.
 2) 나는 그가 용감하다고 생각했다.
  나의 아버지는 내가 기자가 되기를 바라셨다.
  Jake는 그가 지갑을 잃어버렸다는 것을 깨달았다.

2 1) 모든 사람이 태양은 동쪽에서 뜬다는 것을 안다.
  나의 부모님은 내게 일찍 일어나는 새가 벌레를 잡는다고 말씀하셨다.
 2) Jenny는 나폴레옹이 워털루 전투에서 패배했다고 배웠다.
  Ken은 라이트 형제가 최초의 비행기를 만들었다는 것을 모른다.
 3) Jim은 그가 항상 스쿨버스로 통학한다고 말했다.
  나는 Martha가 일주일에 한 번씩 태권도 수업에 가는 것을 몰랐다.

1 주절의 시제가 과거면 종속절에는 과거 또는 과거완료를 씀. '먹은 것'이 '말한 것'보다 먼저 일어난 일이므로 종속절의 시제는 과거완료
2 종속절이 과학적 사실일 때 주절의 시제와 관계없이 현재시제를 씀
   어휘 discover ⑤ 발견하다
3 종속절이 역사적 사실일 때 주절의 시제와 관계없이 과거시제를 씀

PRACTICE TEST

A **1** would **2** is **3** is **4** began **5** travels
B **1** Paul could get a perfect score on the test
   2 Germany was reunified in 1990
   3 I had worn her skirt
   4 lemons have a lot of vitamin C
C **1** she had left **2** water boils **3** gets up
   4 the Korean War began

A

1 주절의 시제가 과거일 때 종속절에는 조동사의 과거형을 씀
2-3, 5 종속절이 변하지 않는 사실, 격언, 과학적 사실일 때 주절의 시제와 관계없이 현재시제를 씀
4 종속절이 역사적 사실일 때 주절의 시제와 관계없이 과거시제를 씀

B

1 주절의 시제가 과거일 때 종속절에는 조동사의 과거형을 씀
2 주절의 시제와 관계없이 역사적 사실은 항상 과거시제를 씀
3 주절의 시제가 과거일 때 종속절의 과거시제는 과거완료를 씀
4 주절의 시제와 관계없이 과학적 사실은 항상 현재시제를 씀

C

1 주절의 시제가 과거면 종속절에는 과거 또는 과거완료를 씀. '그녀가 떠난 것'이 'Jake가 들은 것'보다 먼저 일어난 일이므로 종속절의 시제는 과거완료
2 주절의 시제와 관계없이 과학적 사실은 항상 현재시제를 씀
3 현재에도 지속되는 습관일 때 주절의 시제가 과거라도 현재시제를 쓸 수 있음
4 주절의 시제와 관계없이 역사적 사실은 항상 과거시제를 씀

UNIT 2 화법

pp.130 - 131

1 그는 그의 여동생에게 "나는 너를 전혀 이해하지 못해."라고 말했다.
   → 그는 그의 여동생에게 그가 그녀를 전혀 이해하지 못한다고 말했다.

2 1) Paul은 그녀에게 "어떻게 지내?"라고 물었다.
   → Paul은 그녀에게 그녀가 어떻게 지내는지 물었다.
   Tip 주의! 그는 "누가 펜을 가지고 있니?"라고 물었다.
   → 그는 누가 펜을 가지고 있는지 물었다.
  2) Ann은 나에게 "너는 여행 책자를 가지고 있니?"라고 물었다.
   → Ann은 나에게 내가 여행 책자를 가지고 있는지 물었다.

Tip 주의! Dan은 전화로 "나는 오늘 여기에 있을 거야."라고 말했다.
   → Dan은 전화로 그가 그날 거기에 있을 거라고 말했다.

if[whether] I had had lunch

의문사가 없는 의문문의 간접화법 전환: 『ask(+목적어)+if[whether]+주어+동사』. 시제 일치의 원칙에 따라 if[whether]절의 시제를 과거완료로 바꿈

PRACTICE TEST

A **1** told **2** whether **3** I had bought **4** who came
B **1** told, she, was **2** said, she, that day
   3 was, his **4** if[whether], could
   5 asked, I wanted
C **1** he would eat out with Lily the next day
   2 she had to buy some fruit at the store
   3 if[whether] I was ready to order
   4 where I was going
   5 how long she had been in Beijing

A

1 목적어 me가 있으므로 전달동사는 tell
2 의문사가 없는 의문문은 간접화법으로 전환 시 접속사 if[whether]를 씀
3 의문사가 있는 의문문의 간접화법 전환: 『ask(+목적어)+의문사+주어+동사』
4 의문사가 있는 의문문을 간접화법으로 전환 시 의문사가 주어인 경우: 『ask(+목적어)+의문사+동사』

B

간접화법 전환 시 인칭대명사, 지시대명사, 부사(구)를 알맞게 바꾸고, 동사는 시제 일치의 원칙에 맞춰 바꿈
1-3 평서문의 간접화법 전환: 『say[tell+목적어](+that)+주어+동사』
4 의문사가 없는 의문문의 간접화법 전환: 『ask(+목적어)+if[whether]+주어+동사』
5 의문사가 있는 의문문의 간접화법 전환: 『ask(+목적어)+의문사+주어+동사』

01 ③   02 ①   03 ③   04 had been born, was born   05 if, (that)   06 I learned that there is no air on the moon.   07 ②   08 ①   09 ④   10 I have a bad stomachache   11 ④   12 ⑤   13 1) if[whether] I wanted to eat dinner with her   2) he had been to the opera house   14 ①, ④   15 ①, ③   16 ②, ⑤   17 ⑤   18 She hadn't heard her alarm   19 why I hadn't handed in my report   20 if[whether] I was studying English literature in college

01 주절의 시제가 과거면 종속절에는 과거 또는 과거완료를 쓴다.
    어휘 serious ⑧ 심각한

02 주절의 시제와 관계없이 속담은 항상 현재시제를 쓴다.
    어휘 A picture is worth a thousand words. 천 마디 말보다 한 번 보는 게 더 낫다. (= 백문이 불여일견)   worth ⑧ …의 가치가 있는

03 의문사가 없는 의문문의 간접화법은 『ask(+목적어)+if[whether] +주어+동사』의 어순으로 쓴다.
    어휘 text message 문자 메시지

04 주절의 시제와 관계없이 역사적 사실은 항상 과거시제를 쓴다.

05 문맥상 종속절이 평서문이므로 접속사 that을 쓰며 that은 생략할 수 있다.

06 주절의 시제와 관계없이 과학적 사실은 항상 현재시제를 쓴다.

07 의문사가 있는 의문문은 간접화법으로 전환 시 『ask(+목적어)+ 의문사+주어+동사』의 어순으로 쓰며, 주절의 시제가 과거이므로 시제 일치의 원칙에 따라 종속절의 동사를 과거형으로 바꾼다.

08 전달동사 said to를 told로 바꾸고, 인용 부호 안의 인칭대명사를 전달자에 맞춰 바꾼다. 주절의 시제가 과거이므로 종속절을 과거로 바꾼다.
    평서문의 간접화법 전환: 『say[tell+목적어](+that)+주어+동사』

09 Amy said that she would take care of her brother at home.으로 쓸 수 있다. 화법 전환 시 인칭대명사는 전달자에 맞춰 바꿔야 하므로 ④ my brother가 아니라 her brother가 와야 한다.
    어휘 take care of …을 돌보다

10 Nicole의 마지막 말 she had a bad stomachache를 직접화법에 맞게 인칭대명사와 시제를 바꾼다.
    어휘 be absent from …에 결석하다   stomachache ⑧ 복통

11 ⓐ 의문문의 간접화법 전환 시 전달동사는 ask를 쓴다.
    ⓑ 의문사가 있는 의문문은 간접화법으로 전환 시 『ask(+목적어)+의문사+주어+동사』의 어순으로 쓰며, 주절의 시제가 과거이므로 시제 일치의 원칙에 따라 종속절의 동사는 과거형을 쓴다.

12 ⓐ 뒤에 목적어 me가 있으므로 전달동사는 told를 쓴다.
    ⓑ 주절의 시제가 과거이므로 시제 일치의 원칙에 따라 종속절의 조동사는 과거형을 쓴다.

13 1) 의문사가 없는 의문문이므로 접속사 if[whether]를 쓰고 종속

절의 인칭대명사와 시제, 어순을 바꾼다.
    2) 평서문이므로 종속절의 인칭대명사와 시제를 바꾼다.
    어휘 follow ⑧ 따르다   opera house 오페라 극장

14 ① 주절의 시제가 과거이므로 종속절의 조동사를 과거형으로 바꾼다. will → would
    ④ 역사적 사실은 주절의 시제와 관계없이 항상 과거시제를 쓴다. arrives → arrived
    어휘 freeze ⑧ 얼다

15 ① '경기에 진 것'이 '말한 것'보다 먼저 일어난 일이므로 종속절에는 과거완료를 쓴다. has lost → had lost
    ③ 의문문의 간접화법은 『의문사+주어+동사』의 어순을 쓴다. what did I think → what I thought

16 ② 간접화법 전환 시 부사 yesterday는 the day before로 바꾼다.
    ⑤ 간접화법 전환 시 인칭대명사는 전달자에 맞춰 바꾼다. for you → for me

17 ⑤ 주절의 시제와 관계없이 과학적 사실은 항상 현재시제로 쓴다.

18-20 간접화법 전환 시 인칭대명사, 지시대명사, 부사(구)를 알맞게 바꾸고, 동사는 시제 일치의 원칙에 맞춰 바꾼다.

18 평서문의 간접화법 전환: 『say[tell+목적어](+that)+주어+동사』
    어휘 alarm ⑧ 놀람; *자명종 (시계)

19 의문사가 있는 의문문의 간접화법 전환: 『ask(+목적어)+의문사 +주어+동사』
    어휘 hand in 제출하다

20 의문사가 없는 의문문의 간접화법 전환: 『ask(+목적어)+ if[whether]+주어+동사』
    어휘 English literature 영문학   college ⑧ 대학

실전 모의고사 1회

pp.135 - 137

01 ③ 02 ③ 03 ④ 04 ⑤ 05 happily, happy 06 shocking, shocked 07 Because it was very cold yesterday, Jason didn't go out. [Jason didn't go out because it was very cold yesterday.] 08 ⑤ 09 I need a key to open the door. / 나는 그 문을 열 열쇠가 필요하다. 10 ② 11 ⑤ 12 too, to 13 so, that 14 or 15 ② 16 ④ 17 ② 18 was written by 19 What I want to eat 20 before your mom comes back 21 ③ 22 ① 23 ② 24 ② 25 1) whose name is Christina 2) which[that] he bought last year 3) who(m)[that] he met at the party

01 to부정사의 명사적 용법 (보어)

02 one ... the other ~: '(둘 중의) 하나는 …, 다른 하나는 ~'

03 수식하는 명사(garden)의 소유격 역할을 하는 소유격 관계대명사 whose

04 a long time ago로 보아, 과거 사실의 반대를 가정하는 『as if +가정법 과거완료』를 쓴다.

05 『feel+형용사』: '…하게 느끼다'

06 주어가 감정을 느끼므로 주격 보어로 과거분사를 쓴다.

07 이유를 나타내는 접속사 because: '… 때문에'

08 Not knowing what to say, I kept silent.로 쓸 수 있다. 분사구문은 부사절과 주절의 주어가 같을 때 부사절의 접속사와 주어를 생략하고 동사를 현재분사(v-ing)로 바꾼다. 또한, 부사절이 부정문이므로 not/never v-ing로 쓴다.
[어휘] silent [형] 침묵을 지키는, 조용한

09 명사(a key)를 뒤에서 수식하는 to부정사의 형용사적 용법

10 비교급 강조: 『much/even/a lot/far+비교급+than』
[어휘] ruler [명] 자

11 사역동사로 쓰인 make는 목적격 보어로 동사원형을 쓴다.

12 『so+형용사/부사+that+주어+can't[cannot]』
→『too+형용사/부사+to-v』

13 『형용사/부사+enough to-v』→『so+형용사/부사+that+주어+can』

14 if ... not은 『명령문+or ~』로 바꿔 쓸 수 있다.

15 과거시제이므로 have to의 과거형 had to를 쓴다.

16 『비교급+and+비교급』: '점점 더 …한/하게'

17 ② enjoy는 목적어로 동명사를 쓴다. to swim → swimming

18 수동태: 『be동사+과거분사(v-ed)+by+행위자』

19 선행사를 포함하여 '…한 것'의 뜻을 나타내고, 명사절(주어)을 이끄는 관계대명사 what

20 before: '…하기 전에'
시간을 나타내는 부사절에서는 미래를 나타내더라도 미래시제 대신 현재시제를 쓴다.

21 ③은 현재진행형 문장에 쓰인 현재분사이고, 나머지는 동명사이다.

22 ① 『as+형용사/부사의 원급+as』: '… 만큼 ~한/하게'
『형용사/부사의 비교급+than』: '…보다 더 ~한/하게'
as stronger as → as strong as 또는 stronger than

23 ② 명백하게 과거 시점을 나타내는 말인 ago는 현재완료와 함께 쓰지 않는다. have had → had

24 ② 의문사가 없는 의문문은 간접화법 전환 시 접속사로 if나 whether를 쓴다.

25 1) 관계사절 내에서 수식하는 명사(name)의 소유격 역할을 하는 소유격 관계대명사 whose를 쓴다.
2) 관계사절 내에서 목적어 역할을 하고, 사물(a dishwasher)을 선행사로 하는 목적격 관계대명사 which[that]를 쓴다.
3) 관계사절 내에서 목적어 역할을 하고, 사람을 선행사로 하는 목적격 관계대명사 who(m)[that]를 쓴다.
[어휘] dishwasher [명] 식기 세척기

실전 모의고사 2회

pp.138 - 140

01 ③ 02 ② 03 ④ 04 ④ 05 ⑤ 06 ② 07 ⑤ 08 ⑤ 09 ④ 10 ⑤ 11 ④ 12 ⑤ 13 how to 14 meeting 15 to call 16 I had to decide my future career. 17 ④ 18 ④ 19 ① 20 ④ 21 ③ 22 to 23 for 24 must be helped 25 Each student has a chance to speak 26 1) told me (that) she would go to the dentist that day 2) asked me if[whether] I knew the answer 3) asked Jennifer what the math homework was

01 『명령문+and ~』: '…해라, 그러면 ~할 것이다'
[어휘] creatively [부] 창조적으로

02 last April이 시간을 나타내는 선행사이므로 관계부사 when을 쓴다.

03 『the+비교급, the+비교급』: '…(하면) 할수록 더 ~하다'
[어휘] sweat [동] 땀을 흘리다

04 뒤에서 명사를 꾸며주며 능동·진행('집고 있는')을 나타내므로 현재분사를 쓴다.
[어휘] pick up …을 집다 leaf [명] 나뭇잎

05 주어로 쓰인 명사절을 이끌며 선행사를 포함하는 관계대명사로, '…한 것'의 뜻인 what을 쓴다.

06 ②의 to부정사는 부사적 용법 중 결과를 나타내며, 나머지는 모두 목적을 나타낸다.

07 Do you want something hot to drink right now?로 쓸 수 있다.
『-thing/-one/-body로 끝나는 대명사+형용사+to-v』

08 ⑤ 방법을 나타내는 선행사 the way와 관계부사 how는 함께 쓰지 않고 둘 중 하나만 사용한다.

the way how → how[the way]

어휘 machine 몡 기계

09 ④ 『감각동사(taste)+형용사』 bitterly → bitter

어휘 bitterly 뿐 쓰게

10 ⑤ 3음절 이상의 형용사의 비교급은 『more+형용사』의 형태이다. much는 비교급 앞에서 비교급을 강조할 수 있다.

much beautiful → (much) more beautiful

11 want는 목적격 보어로 to부정사를 취한다.

12 to부정사의 의미상 주어로 『of+목적격』을 사용하는 경우는 사람의 성격을 나타내는 형용사가 보어로 올 때이다.

13 how to-v: '…하는 방법', '어떻게 …할지'

14 remember v-ing: '(과거에) …한 것을 기억하다'

15 forget to-v: '(미래에) …할 것을 잊다'

16 『had better+동사원형』: '…하는 게 좋겠다'

had to: have to('…해야 한다')의 과거형

어휘 future career 진로

17 have gone to: '…에 가고 (지금 여기에) 없다'

18 가정법 과거완료: 『If+주어+had v-ed, 주어+would[could/might] have v-ed』

19 ⓐ be interested in: '…에 관심이 있다'

ⓑ be made of: '…로 만들어지다' (원형이 남음)

20 ⓐ 종속절이 과학적 사실일 때 주절의 시제와 관계없이 현재시제를 쓴다.

ⓑ 종속절이 역사적 사실일 때 주절의 시제와 관계없이 과거시제를 쓴다.

어휘 light bulb 백열전구

21 ③은 주격 관계대명사이므로 생략할 수 없으며, 나머지는 모두 목적격 관계대명사이므로 생략할 수 있다.

22 수여동사로 쓰인 give는 4형식 문장을 3형식으로 바꿀 때 간접목적어 앞에 전치사 to를 쓴다.

어휘 coach 몡 (스포츠 팀의) 코치

23 수여동사로 쓰인 buy는 4형식 문장을 3형식으로 바꿀 때 간접목적어 앞에 전치사 for를 쓴다.

24 조동사의 수동태: 『조동사+be v-ed』

어휘 government 몡 정부

25 『each+단수명사+단수동사』

to부정사는 명사를 뒤에서 수식한다.

26 1) 평서문의 간접화법 전환: 『say[tell+목적어](+that)+주어+동사』

2) 의문사가 없는 의문문의 간접화법 전환: 『ask(+목적어)+if[whether]+주어+동사』

3) 의문사가 있는 의문문의 간접화법 전환: 『ask(+목적어)+의문사+주어+동사』

MEMO

MEMO

MEMO

기초부터 내신까지 중학 영문법 완성

1316
GRAMMAR LEVEL 2